희망의 오솔길

| 박민정 지음 |

쿰란출판사

희망의
오
솔
길

추천사

펜데믹 기간 동안 SNS를 통해서 성도들과, 주변의 목회자들과 큐티를 나누고 성경공부를 같이 했습니다. 박민정 목사님께서도 자주 함께 하시곤 하셨는데, 자신의 삶을 책으로 남겨두는 것도 자신을 돌아보는 데 도움이 될 뿐 아니라 어마어마한 업적을 남긴 인생이 아니라도 내 인생의 발걸음이 자녀들과 누군가에게는 도전과 희망이 될 수 있다는 대화를 나눈 적이 있습니다. 보통은 이런 도전에 '그렇구나' 하고 지나갈 수도 있는데, 박 목사님께서는 머뭇거리지 않으시고 실천에 옮기셨습니다.

박민정 목사님께서는 오랫동안 미국에서 채플린을 하시면서 병원에서 많은 환자들을 위로하고 돌보고 섬기는 사역을 묵묵히 꾸준히 감당하셨습니다. 박 목사님의 삶을 두 단어로 표현한다면 '돌봄'과 '모범'입니다.

목사님은 항상 누군가를 돌보고 계셨고, 그래서 믿는 사람들의 모범이 되셨습니다. 돌봄은 말로만 할 수 없습니다. 마음을 다해야 하고, 힘을 다해야 하고, 하나님의 시선과 마음이 머무르는 곳에 나의 시선과 마음이 머물러야 하고 손과 발이 가 있어야 하는데, 박 목사님은 그렇게 사시기 위해서 최선을 다하셨습니다. 그야말로 책 제목처럼 누군가에게 '희망의 오솔길'을 만드시는 분이셨습니다. 누구나 자신과 가족 돌보기에도 눈코 뜰 새 없이 바쁜데, 아무리 목회자라도 누군가를 돌보고 섬기는 일을 한결같이 꾸준히 한다는 것은 사명과 소명이 없이는 가능하지가 않습니다.

책 안에는 목사님의 사역과 헌신과 수고의 눈물과 기도가 고스란히 담겨져 있습니다. 드라마틱하게 각색되어 표현하셨지만, 목사님의 사역에서 뿌린 씨앗과 그 씨앗을 뿌린 마음이 보입니다. 목사님께서 걸어오신 신실한 신앙의 길이 보입니다.

한 사람의 신앙과 신실한 인생길은 누군가에게 디딤돌이 됩니다. 뒤에 오는 사람이 그 길을 따라가면 실족하지 않기 때문입니다. 앞으로도 박민정 목사님의 인생 후반전, 새로운 도전이 기대됩니다. 이 책이 많은 사람들에게 돌봄과 모범의 도전으로 징검돌, 디딤돌이 되기를 축복합니다.

2024년 8월

양성필 목사

《목회감각》의 저자

프롤로그 prologue

    무엇보다 제일 먼저 하나님께 감사드리며 모든 영광을 돌려드립니다.

    책을 완성하는 데 격려와 아낌없는 지원을 해 준 남편 박동화 박사, 박헨리와 앤 부부, 그리고 원고의 편집을 도와준 박버나드에게 사랑과 고마움을 표하고 싶습니다.

    제가 책을 쓰도록 동기를 부여해 주신 사랑하는 어머니 서인자 권사님께 이 책을 바칩니다. 어머니가 가장 좋아하는 성경 구절은, 시편 121편 1-2절 말씀인 "내가 산을 향하여 눈을 들리리 니의 도움이 어디서 올꼬 나의 도움은 천지를 지으신 여호와에게서로다"였습니다.

    책 표지의 앞면과 뒷면을 위해 서창환 화백의 미술 작품을 제공해 주신 서기호 님께 감사드립니다. 이 책의 내용에 사진 작품을 담아주신 김민선 님, 김에드리앤 님, 김제임스 님과 그림을 그려주신 김라니 님, 박알렉산드라 님, 박크리스티나 님, 박줄리아 님께 감사합니다.

바쁘신 목회 사역 중에도 추천의 말씀을 주신 양성필 목사님께 감사드립니다. 책의 출간을 위해 도와주신 쿰란출판사의 이형규 사장님께 감사드립니다.

마지막으로 중요한 것은, 항상 변함없는 사랑과 응원을 해주시는 최애순 권사님과 최성규 권사님 부부에게 진심으로 감사한 마음을 전합니다.

제가 하나님의 일을 하라는 강력한 부르심을 받고 늦은 나이에 신학대학원에 입학했을 때 "내가 잘 감당할 수 있을까?"라는 생각으로 두려움에 떨다가 "두려워하지 말라 내가 너와 함께 함이라…내가 너를 굳세게 하리라 참으로 너를 도와주리라"(사 41:10) 하신 하나님 말씀에 위로를 받고 매 순간 의지했던 것을 기억합니다. 주님과 함께하는 수많은 시간의 기도와 하나님과의 대화를 통하여 성령님은 저를 병원 원목으로 인도하셨습니다. 저는 병원 사역에 큰 보람을 느꼈으며 제가 만난 모든 환자분들과 함께 치유라는 "희망의 오솔길"을 걷고자 노력했습니다.

저는 이 책을 통해 병원 원목이 환자들과의 대화에서 어떻게 환자들의 영적, 정신적, 심지어 육체적 치유에 도움이 되었는지를 보여주는 데 중점을 두었습니다. 환자들과 대화를 나누면서, 많은 환자들이 자신의 삶의 가치관과 종교관을 되돌아보고 가족에 대한 사랑, 하나님과의 관계, 인간관계의 정, 사랑, 슬픔, 후회, 두려움, 증오, 원망, 좌절, 분노 등의 감정을 표현했습니다. 저는 이러한 생각과 관념들이 치유와 밀접한 관련이 있다고 보았으며 가족, 친구, 의료진이 감정 이입에 의한 경청을 함으로써 환자의 치유에 지대한 영향을 미칠 수 있다는 것을 설명하려고 했습니다. 하지만 이 책의 이야기는 실제가 아니라 읽는 독자들이 쉽게 이해할 수 있도록 설명하기 위해 드라마틱하게 꾸몄고 허구화되었다는 점을 알려드리고 싶습니다.

2024년 8월
박민정

목차

추천사 　 양성필 목사 ・ **4**
프롤로그 ・ **7**

1장	아론의 이야기 ・	**13**
2장	한량없는 하나님 은혜 ・	**23**
3장	라헬의 분노 ・	**28**
4장	왜? 왜, 나에게? ・	**35**
5장	잊히지 않는 따뜻한 손 ・	**43**
6장	감사 할아버지 ・	**47**
7장	하얀 꿈 ・	**54**
8장	기도의 힘 ・	**60**
9장	환자 자신만의 공간을 주라 ・	**64**
10장	예상하지 못한 사고 ・	**71**
11장	당직 ・	**78**
12장	혼수상태 환자도 들을 수 있다 ・	**83**
13장	좋은 소식의 새와 나비 ・	**88**
14장	불안한 환자의 가족 ・	**94**
15장	아마추어 축구팀 ・	**102**
16장	장기 기증 ・	**108**

17장	희망 사항 · 112
18장	죄책감 · 118
19장	한국전쟁 베테랑 · 128
20장	환자가 무엇을 원하는지 듣자 · 137
21장	완강한 거부 · 144
22장	두려움 · 151
23장	상심 · 157
24장	그녀의 용기 · 164
25장	고민거리 · 170
26장	새해 첫날 · 176
27장	미끄러운 얼음길 · 181
28장	차별하지 말자 · 186
29장	말, 말, 말조심 · 190

에필로그 · 198

1장
아론의 이야기

"두려워 말라, 내가 너와 함께 함이라. 놀라지 말라. 나는 네 하나님이 됨이라. 내가 너를 굳세게 하리라. 참으로 너를 도와주리라. 참으로 나의 의로운 오른손으로 너를 붙들리라"(사 41:10).

"삡, 삡, 삡." 병원 복도를 걷고 있는데 비퍼가 울렸다. 누가 보낸 신호인지 번호를 살펴보니 병원 원목 사무실에서 걸려온 것이었다. 내가 무슨 일 있느냐고 응답했을 때, "지금, 외과 병동에서 수술 환자를 위해 원목(Chaplain)이 필요하다고 합니다. 환자 이름은 아론입니다." 사무실 비서가 환자의 방 번호를 빠르게 말했다.

"종교는요?"

"기독교인입니다." 사무실 비서는 이미 컴퓨터에서 정보를 찾았는지 지체하지 않고 대답했다.

"어떤 상황입니까?"

"아무런 설명이 없었고, 빨리 오라고만 했습니다."

나는 메시지를 전달해줘서 고맙다는 말과 함께 부지런히 외과 병동을 향했다.

엘리베이터에서 병동이 있는 쪽으로 돌면 열린 공간의 사무실이 보인다. 그곳에는, 병동에 소속된 비서가 높은 의자에 앉아서 전화를 받거나 컴퓨터 사무를 담당한다. 서서 일할 수 있도록 기역자로 된 기다란 높은 책상에는 다섯 대 정도의 컴퓨터가 놓여 있어서 간호사들이 환자들의 상황을 기재하기도 하며, 레지던트 의사, 의사보조사(PA), 담당의사, 물리치료사, 소셜 워커 등 그 외 다른 의료진이 모두 함께 사용하는 곳이다. 또 간호사들이 필요할 때마다 신속하게 사용할 수 있도록 복도에도 컴퓨터가 놓인 책상이 몇 개 보인다. 병원 원목도 환자를 방문한 후, 간단히 컴퓨터에 환자의 영적, 심적 상태와 원목이 어떻게 환자를 도와주었다는 것을 입력하는 곳이다.

담당 간호사가 반갑게 맞이하며 환자 아론의 상태를 대강 말해 주었다. 환자는 같은 증상 때문에 이미 입원과 퇴원을 몇 번씩 했었다. 이번에는 빨리 수술하지 않으면 생명이 위험한 상태인데 환자가 거절하고 있다는 것이다.

내가 병실로 들어갔을 때, 무릎 밑까지 기다란 하얀색 가운을 입은 레지던트 의사가 수술 전에 필요한 사항들을 알려주기 위한 환자 방문을 막 끝내고 있었다. 그녀가 환자 앞에 있었기 때문에 나는 환자를 볼 수 없었다. 나는 의사의 방문이 끝나기를 기다리면서 문 옆에 가만히 서 있었다. 레지던트 의사가 나를 힐끔 쳐다보았다. 나는 방해하지 않으려고 레지던트 의사에게 말을 많이 하지 않고 간단히 병원 원목이라고 나를 소개했다. 그녀는 나에게 대답 없이 알았다는듯이 고개만 한 번 끄덕인 후 환자에게 집중하면서, "수술실 준비가 완료되어 당신을 기다리고 있습니다. 만일 계속 이렇게 안 하겠다고 버티면, 수술실 예약을 취소할 수밖에 없습니다"라고 아론에게 단호한 목소리로 말했다. 아론은 언짢은 표정으로 입을 꼭 다물고 있었다.

  기품 있게 보이는 아론은 벽에 등을 대고 다리를 침대보에 덮은 채 병원 침대에 앉아 있었다.

  "난, 절대로 수술 안 합니다!"

  그는 문 쪽을 향하여 걸어나가는 레지던트 등 뒤에 대고 큰 소리로 말했다. 레지던트 의사가 나간 후, 나는 아론을 향해 걸어갔다.

  "전, 이 병원의 원목인 박 목사입니다. 아론 씨입니까?"라고 내가 말했을 때, 그는 화가 잔뜩 난 얼굴로 아픈 듯이 침대 시트로 자신의 몸을 감싸 안고 한쪽으로 몸을 돌리면서 물었다.

  "내가 아론인데, 누구라고요?"

  나는 그에게 좀 더 가까이 다가가서 약간 큰 목소리로 다시 천천히 나를 소개했다.

  "아, 네. 저는 병원 원목으로 일하는 박 목사입니다. 간호사에게서 얘기 듣고, 도와 드리려고 왔습니다. 기분이 어떠세요?"

  "매우 안 좋아요! 기분이 아주 불쾌하다고요!" 아론은 퉁

명스럽게 말을 내뱉았다. "환자인 내가 수술 안 하겠다고 하는데, 왜들 이렇게 수술 시키려는지 모르겠습니다. 정말 화가 나게 만드네요." 그는 기운 없는 목소리로 또박또박 말했다.

"수술을 하고 싶지 않은데 수술을 꼭 해야 한다니 정말 힘드시겠습니다."

"내가 며칠 생각할 시간을 좀 달라고 하는데도 위험하다고 오늘 빨리 수술해야 한다는 거예요. 원! 왜들 이렇게 서두르는지 모르겠습니다."

아론은 다시 짜증 섞인 목소리로 툭툭 거칠게 말하면서 천장을 쳐다보았다.

"아론 씨 생각대로 안 되어 몹시 기분이 상하셨군요."

잠시 몇 초 동안 말없이 시간만 흘렀다. 나는 침묵의 몇 초가 몇 분이 지난 것처럼 무겁게 느껴졌다. 그가 나에게 시선을 돌렸다. "아론 씨, 의사팀원들이 검사 결과를 보고 의논한 결론이 수술을 빨리 하지 않으면 위험하다고 말한다면, 다시 한번 잘 생각해 보는 것이 어떻겠습니까?" 나는 달래듯이 아론에게 부드럽게 말했다.

"난, 내 평생을 예수님 믿고 살았습니다. 죽을 때가 되면 죽는 거고, 주님께 맡기겠습니다."

캐나다에서 태어난 아론은 고등학교 때부터 사랑을 나눴던 아내와 일찍이 젊은 나이에 사별한 후, 뉴욕에 있는 회사 사장으로 임명되어 미국으로 왔다. 아이들을 돌보고 살림을 맡은 가정부는 있었지만 아내의 도움 없이 혼자서 세 자녀를 키울 때 하나님에 대한 자신의 믿음이 얼마나 자기 생활에 도움을 주었는지에 대하여 얘기했다. 그는 말하는 동안 아픈 것도 잊은 채 기운을 내려고 애쓰는 듯이 보였다.

나는 고개를 끄덕이면서 동감하고 긍정적인 응답과 이해하는 마음으로 귀를 기울여 열심히 들었다. 대화에서 가장 중요한 것은 상대방의 말을 감정 이입에 입각하여 잘 들어 주는 것이다.

"믿음이 아주 좋으시네요. 아무리 집안일과 아이들을 돌봐 주는 사람이 있다고 해도 아빠가 혼자서 어린아이들 셋을 키운다는 것은 굉장히 힘든 일이거든요. 그동안 고생이 많으셨을 텐데, 참으로 훌륭하십니다. 소중하고 귀한 말씀

함께 나눠 주셔서 정말 감사합니다."

다시, 조용한 침묵이 흘렀다. 그의 마음이 약간 열려 있음을 나는 느꼈다.

"아론 씨, 지금 빨리 수술받지 않으면, 생명이 위험하다고 모든 의사와 의료진들이 말할 정도로 위급한 상황인데, 수술을 거절하시는 다른 이유라도 있는지 궁금합니다."

나는 우리가 이미 나누었던 그의 의학적 상황을 다시 이야기하면서 그가 속마음을 털어놓고 평안한 심정으로 수술이 긴박하게 필요하다는 것을 인식할 수 있기를 바랐다.

그는 조금 주저하면서 입을 열었다.

"사실, 죽는 게 두렵습니다."

빨개진 그의 눈에 눈물이 맺혀 반짝였다. 내가 침대 옆 탁자 위에 놓인 종이 티슈 박스를 건네주었을 때, 그는 티슈 몇 장을 꺼내어 눈물을 살짝 훔치면서 계속하여 말했다.

"지난날을 생각해 보면, 남들이 모르는 어려움이 저에게 참으로 많았습니다. 제 아내는 눈 감기 전까지 어린 세 아이들 걱정을 했습니다. 아내가 암 말기 상태로 세 번의 큰 수술을 견디며 힘든 투병 생활하는 것을 도와주고 지켜보면서 나는 오직 아이들을 위해 살아야겠다고 생각했습니다. 아내가 우리 곁을 떠난 후, 여지껏 저는 안간힘을 다해 아이들을 보살피며 살았어요."

아론은 감정이 복받쳤는지 잠시 흐르는 눈물을 두 손등으로 훔치면서 얼굴을 감싸 안았다. 조금 후 그는 다시 말을 이었다.

"그동안 데이트를 한 여성은 몇 명 있었지만 아이들을 위해 재혼을 하지 않았습니다. 아이들이 지금 모두 다 장성하여 좋은 직장을 갖고 일하면서 자신들의 꿈을 실현하고 있는데 헤어진다는 것을 생각하면 너무 슬픕니다. 내가 죽으면 하나님 곁에 간다는 것을 의심해 본 적은 한순간도 없지만, 무섭습니다. 이 수술이 굉장히 위험한 수술이라는 걸 내가 잘 알아요. 의사도 그렇게 말씀하셨고요."

"네, 우리는 두려운 일이 생기면, 쉽게 무너지기도 합니다. 저도 팔목에 있는 조그마한 낭종을 수술할 때 예수님이 항상 지켜주신다는 것을 알면서도 무서웠어요."

나는 내 왼쪽 팔목에 있는 흉터 자국을 보여주며 말했다.

내 팔목을 물끄러미 보고 있던 아론이 내 눈을 빠끔히

쳐다보면서 내 손을 힘있게 꼬옥 잡았다.

"목사님, 기도해 주실래요?"

"물론이죠."

미소를 지으며 나는 대답과 동시에, 하나님께 아론을 축복해 주셔서 성공적인 수술을 받고 빨리 완전회복을 가질 수 있게 해달라고 간곡히 기도했다. 기도하는 동안 아론은 "아멘, 할렐루야"로 화답하더니, 기도가 끝나자마자 마음에 평온을 찾았다면서 수술을 받겠다고 말했다. 나는 간호사에게 아론의 긍정적인 의사를 곧바로 전했다.

감사하게도, 수술은 하나님의 은혜로 잘 되었다. 아론은 퇴원하기 전 일주일 정도 병원에서 회복 기간을 가졌다.

> "여호와께서 그를 병상에서 붙드시고 그가 누워 있을 때마다 그의 병을 고쳐 주시나이다"(시 41:3).

내가 만났던 아론은 죽음이라는 두려움에 사로잡혀 있었다. 누구든지 큰 수술이나 또는 작은 수술이든 상관없이 수술을 앞두고 혹시라도 잘못되면 사랑하는 가족과 영영 이별하게 된다는 슬픔과 죽음이라는 것에 대한 두려움이 엄습해온다. 궁극적으로, 아론은 병원 원목에게 죽음에 대한 공포를 쏟아내 뱉고 나니 마음이 후련해진 것이다.

병원 원목은 환자와의 대화에서 상대방이 어떤 말을 해도 절대로, "이 환자는 죽음을 많이 무서워하는데 신앙심이 없어서인가?" 혹은 "아직 인생에 대한 영적 성숙함이 없나?"라는 생각으로 상대방에 대한 평가나 혹은 비판을 하지 않는 것이 중요하다. 각 개인의 인성과 느끼는 감성을 존중해 주어야 한다.

2장
한량없는 하나님 은혜

"하나님은 교만한 자를 대적하시되 겸손한 자들에게는 은혜를 주시느니라 그러므로 하나님의 능하신 손 아래에서 겸손하라 때가 되면 너희를 높이시리라"(벧전 5:5-6).

나는 병원 원목이다. 병원 원목이 되기까지 나에게는 긴 여정이었다. 한국에서 대학을 마친 후 오랜 시간이 흘러간 다음, 하나님의 일을 하라는 부르심을 받고 미국에서 신학대학원을 가게 되었다. 졸업 후, CPE(Clinical Pastoral Education)라는 원목 인턴 훈련 과정을 세계적으로 이름난 병원에서 네 번의 유닛(Units)을 마친 다음, 일 년 동안 레지던트 과정도 거쳤다. 그런 후, 뉴욕의 유명한 병원에서 정식 원목으로 발탁되었다.

신학대학원에 다니면서 병원 원목 훈련 과정이 있다는 것을 알게 되어 진심으로 감사한다. CPE 프로그램은 병원이나 의료기관에서 사람들에게 영적 도움을 주기 위하여 훈련받는 것이다. 나는 목회상담자로서, 가슴 아프고 힘든 상황을 당면하여 상담이 필요한 사람들을 도와주고 싶었다. 병원 원목으로 허락된 것은 어려운 시간을 보내는 사람들을 도와주는 동시에 하나님 일을 하려는 나의 꿈을 이루게 된 것이었다.

원목 인턴 과정 중 한 번의 유닛은 대체적으로 6개월 동안의 시간이 소요된다. 매일 훈련에만 집중하는 경우엔 훈련 기간을 반으로 줄일 수 있다. 네 유닛의 인턴을 마친 후, 레지던트 과정을 거치지 않고 계속적으로 인턴을 하면서 원목 자격증을 받으려고 지원하는 사람도 많다. 레지던트 자리는 많지 않고 경쟁률이 높기 때문에 레지던트로 들어가기가 어렵다.

레지던트 훈련 없이도 전문 원목 자격증을 받을 수 있지만 나에게 레지던트 기간의 훈련은 굉장한 자긍심과 자신감을 주었고 병원에서 일할 때 많은 도움이 되었다. 자격이 나보다 월등히 우수한 젊은 원목들이 지원한 가운데 영어가 모국어가 아니며, X세대였던 내가 높은 경쟁률을 뚫고 레지던트 훈련을 받을 수 있었던 것은 너무도 감사한 기적이었다. 그것은 오로지 하나님의 크신 은혜이며 성령님의 역사라고 나는 믿는다. 내가 소속된 종교단체인 미국장로교 교단의 어려운 목사 시험을 통과하여 목사 안수를 받은 것도 전적으로 주님의 무한한 은혜였다.

이런 모든 과정을 거친 후, 한 가지 꼭 필요한 것은 원목 자격증(Board Certified Chaplain)을 정부가 인정하는 협회로부터 획득하는 것이다. 나는 미국에 있는 원목협회 회원이다. 원목협회에서 치르는 자격증을 위한 필기시험과 인터뷰에 합격해야 한다. 개인적인 소견은, 내가 소속된 협회는 역사가 깊고 세계적으로 알려져 있는 믿을 만한 원목협회다. 이 협회의 회원 자격증을 소유하려면, 우선적으로 병원에서 원목으로 일한 실제 경험이 있어야 한다.

병원 원목은 환자를 만날 때 무엇보다 먼저 '환자-중심적'(Patient-Centered)이어야 하며 환자의 '전인적(wholeness) 치유'에 관심을 가져야 하는데 그것은 바로 영적, 정신적(지. 정. 의.), 그리고 육체적 치유를 도와준다는 의미이다. 이것은 많은 책임감을 필요로 하는 일이지만 매우 보람있는 일이기도 하다.

병원 원목으로서 환자를 돌보는 위치에 있다는 것은 하나님께서 나에게 주신 값진 선물이었다. 비록 고달프고 힘들 때도 있었지만 아침에 눈을 뜨면 내가 만났던 환자들이 주마등처럼 지나가면서 다시 만날 환자들 생각에 빨리 병원에 가서 그들을 만나고 싶었다.

매일 환자들을 만나서 온몸과 마음을 다하여 성심성의껏 그들의 치유를 위해 도움을 줄 때, 동시에 그들도 나에게 새로운 힘과 용기를 주는 것을 느꼈다. 그들을 통하여 나의 믿음이 더욱 커졌다. 내가 만난 모든 환자들과 그들의 가족들에게 항상 감사드린다.

"주여 우리가 어느 때에 주께서 주리신 것이나 목마르신 것이나 나그네 되신 것이나 헐벗으신 것이나 병드신 것이나 옥에 갇히신 것을 보고 공양하지 아니하더이까 … 내가 진실로 너희에게 이르노니 이 지극히 작은 자 하나에게 하지 아니한 것이 곧 내게 하지 아니한 것이니라 하시리니"(마 25:44-45).

"나 곧 나는 여호와라 나 외에 구원자가 없느니라"(사 43:11).

3장
라헬의 분노

"사랑은 오래 참고 사랑은 온유하며 시기하지 아니하며 사랑은 자랑하지 아니하며 교만하지 아니하며 무례히 행하지 아니하며 자기의 유익을 구하지 아니하며 성내지 아니하며 악한 것을 생각하지 아니하며 … 모든 것을 견디느니라"(고전 13:4-7).

간호사의 부탁으로 만난 라헬은 나를 보고 무척 반가워했다. 라헬은 외로웠었는지 나에게서 친밀감을 느끼는 것 같았다. 병원에 입원했지만 찾아오는 가족이나 친구는 아무도 없었다. 그녀는 일정한 직업이나 수입이 없어서 정부 보조금 혜택을 받는 환자였다. 하지만 그녀의 거취가 분명하지 않을 때는 정부에서 보내는 보조금조차 매달 받지 못했다. 떠돌이 생활을 하다 보니 반사적으로 친구나 친척들과 연락이 끊기고 관계가 멀어졌다.

"목회 상담을 요구하셨다고 들었습니다."

"저의 답답한 심정을 들어줄 사람이 필요해서 원목을 불렀습니다."

"지금 좀 어떠세요?"

"그냥 화가 나요."

라헬은 얼굴을 잔뜩 찌푸리며 말했다.

"무엇이 그렇게 라헬 씨를 속상하게 만드는지 말씀해 주실래요?"

라헬은 한숨을 한 번 크게 내쉬었다. 그녀가 고혈압과 당뇨병에 시달리게 된 것은 모두 다 오빠만 사랑하는 자신의 아버지 때문이라면서 말을 시작했다. 그녀의 아버지는 전통적인 가부장제도 관념으로 장남이 잘 되어야 집안이 부유해진다면서 재산을 모두 그녀의 오빠에게 주었다. 라헬은 자기 아버지로 인하여 자신이 얼마나 비참한 생활을 했으며 곤경에 빠졌었는지 자신의 분한 마음을 털어놓았다.

"제가 마약도 하고 망나니 짓을 했다고 아버지는 저에게 재정적 유산을 하나도 안 주셨지요. 그런 걸 생각하면, 피가 거꾸로 오르면서 밀려오는 분노를 참을 수 없어요. 가슴이 답답하고 심장이 아프더니 점점 건강이 나빠졌어요. 아버지를 정말 용서할 수 없어요."

"너무 힘드셨겠어요. 화가 많이 나셨으리라 생각합니다."

나는 영적 상담자로서, 라헬이 마음의 문을 열고 말하기 어려운 심정을 털어놓을 수 있도록, 전적으로 그녀의 입장을 이해하고 지지하면서 진지하게 경청했다. 그렇게 함으로써 그녀의 무거운 짐 같은 마음이 홀가분해지기를 바랐다.

육체적인 병으로 고통을 받는 환자가 정신적으로 편안하지 않으면 심리적 아픔이 가중되어 치료에 방해된다. 병원 원목은 환자의 마음과 영적 치유를 도와줌으로써 환자가 심적으로 평화와 안정을 찾을 수 있고, 그녀의 육체적 치료에 도움을 주고자 한다. 결국 원목은 환자와 병원 치료팀 사이에서 교량 역할을 담당함으로 환자의 힐링 향상에 도움을 준다고 볼 수 있다.

라헬의 지난 생활 이야기를 들으면서 그녀가 자기에 대한 가족의 배신감 때문에 많이 괴로워하면서도 그 가족을 그리워한다는 것을 느낄 수 있었다.

"라헬 씨, 현재 당신이 병원에 입원했다는 것을 당신 아버지나 혹은 오빠가 아십니까?"

"연락이 끊어진 지 오래 됐어요. 우리 가족이 살던 집에 한 번 찾아갔었는데 다른 사람이 살고 있었습니다. 제가 일정한 연락처 없이 자주 옮기다 보니…."

그녀는 슬픈 목소리로 말끝을 잇지 못했다. 라헬의 표정과 몸짓에서 나는 가족을 보고 싶어하는 그녀의 사랑을 읽을 수 있었다.

"라헬 씨는 어머니와 연락이 가능합니까?"

"아니요. 저의 어머니는 조그만 상점을 운영하셨는데 수입은 좋았지만 너무 힘들어서 지병으로 오래전에 세상을 떠나셨어요. 어머니가 일찍 돌아가시지 않았더라면, 우리가 이렇게 뿔뿔이 헤어지지 않았을 겁니다. 아버지는 남아선호사상으로 집안의 외동아들이라고 오빠만 예뻐했고, 어머니는 항상 저를 이해하셨으며 제 편이었죠. 어머니가 무척 보고 싶고 그리워요."

그녀의 눈시울이 발갛게 물들었다. 라헬은 떨리는 목소리를 가다듬었다.

아시아의 조그만 나라에서 태어나 성장한 라헬은 열세 살 때 부모님과 오빠와 함께 아메리칸 드림을 꿈꾸며 미국으로 이민 왔다. 성격이 조용했던 라헬은 중학교에 입학하였지만 언어 문제로 새로운 친구들과 소통하기 어려웠고 학교생활이 힘들었다. 어쩌다 친하게 지낸 친구의 권유로 함께 마약을 조금씩 즐기게 되었고 가출도 빈번해졌다. 혼자 외톨이가 되는 게 싫어서 친구들을 따라다니며 그들이 하는 대로 함께 행동했다. 그러다 보니, 미성년자 감화원에 자주 들락거리게 되었다. 라헬은 마약에 빠졌던 자신의 청소년 시절과 가족들을 위해 헌신적으로 희생했던 어머니 이야기를 하면서 어머니에 대한 미안함으로 한숨만 쉬었다.

"어머니가 라헬 씨를 굉장히 사랑하신 것 같습니다. 어머니라는 단어는 누구에게나 향수를 느끼게 하지요. 자식을 위해서라면, 모든 어머니는 용감하고 무엇이든 하시죠."

"맞아요! 어머니를 생각하면 기운이 마냥 솟아납니다."

라헬은 입에 침이 마르도록 자신의 어머니에 대하여 칭찬했다. 한참 동안 기분이 좋아서 신나게 말하는 라헬에게 담당의사가 세 명의 인턴과 함께 나타났다. 나는 라헬에게 축복을 해 주고 조용히 방에서 나왔다.

"서로 친절하게 하며 불쌍히 여기며 서로 용서하기를 하나님이 그리스도 안에서 너희를 용서하심과 같이 하라"(엡 4:32).

인간은 사회적이다. 심리학자나 사회학자의 말을 빌리지 않더라도, 사람은 관계 속에서 산다고 해도 과언이 아니다. 우리는 책이나 영화 속 주인공을 통하여 사람이 혼자서 살 수 없다는 것을 잘 알고 있다. 혼자 무인도에 사고로 남게 된 주인공은 홀로 외로움에 몸부림치는 도중, 우연히 발견한 물건이나 동물에 애착을 느끼면서 친구나 가족 같은 관계로 생각하며 애정을 갖고 많이 의지하는 것을 볼 수 있다.

더불어 사는 관계를 통하여 우리는 서로 용기와 힘을 얻고 행복을 나눈다. 이렇게 인생에 필요한 관계가 때로는 우리를 울리기도 하고 분노를 일으키며 비참하게 만들기도 한다. 그래도 우리는 혼자 사는 것보다 다른 사람과 더불어 사는 것이 즐겁다. 거기에 희비애락이 있고, 인생의 진정한 의미와 목적을 찾을 수 있다. 우리가 좋은 관계를 가질 때 정이 있고 사랑이 있다. 정과 사랑이 있는 곳에는 서로 믿고 의지하고 이해하며 참는 삶을 살게 된다.

> "하나님을 사랑하는 자 곧 그의 뜻대로 부르심을 입은 자들에게는 모든 것이 합력하여 선을 이루느니라"(롬 8:28).

4장
왜? 왜, 나에게?

"하나님은 곤고한 자를 그 곤고에서 구원하시며 학대당할 즈음에 그의 귀를 여시나니"(욥 36:15).

내가 원목으로서 돌봐주는 병동 중에서 암 환자 병동을 순회하고 있었다. 나는 병실마다 다니면서 환자에게 인사를 했다. 그것은 외롭거나 절망에 빠져 있다고 생각되는 환자의 기분을 전환시키려고 노력하거나, 마음의 상처를 어루만져 주면서 심리적 그리고 영적인 치유를 바탕으로 육체적 치유에 영향을 주기 위함이었다.

아침 일찍부터 환자에게 병원 직원들이 수시로 드나들

기 때문에 많은 환자들의 방문이 열려 있었다. 내가 방문했을 때, 제프리는 침대의 머리 쪽을 올린 채 베개를 등에 대고 편안한 자세로 앉아 있었다.

"좋은 아침입니다. 저는 박 목사예요. 병원 원목입니다. 제프리 씨죠?"

나는 '매일의 환자 정보'를 컴퓨터에서 미리 뽑은 종이를 보면서 그의 이름을 확인했다. 종교란에는 아무 것도 적혀 있지 않았다. 내가 종교는 무엇이냐고 물었을 때 제프리는 무표정한 얼굴로 쳐다보면서 입을 열었다.

"나는 원래 쥬이시(유대교)였습니다. 내가 다섯 살 때, 우리 가족이 모두 수용소에 함께 들어갔었습니다."

그는 덤덤하게 대답하면서 그의 몸에 새겨진 푸른색 문신을 보여주었다.

"이것이 저의 번호였습니다."

'어머나!' 나도 모르게 놀라서 탄성이 나올 뻔했다. 나는 다시 정신을 가다듬고 말했다.

"어린 나이에 얼마나 고생이 많으셨겠어요."

나는 저절로 슬픈 표정이 되었고 진심으로 그의 마음을

헤아리며 위로했다.

"나와 친한 친구들은 이 죄수의 숫자를 레이저로 없애라고 권고했지만 싫다고 했습니다. 나는 이 숫자를 보면서 그 지옥같았던 과거의 생활을 생생하게 기억하며 살려고 합니다. 그렇게 하는 것이 그때 처참하게 세상을 떠난 우리 가족들에 대한 예의라고 생각해요."

제프리는 암흑 같은 시기의 생활을 천천히 얘기했다.

"어느 날, 갑자기 경찰들이 와서 여행 가방을 챙기라고 했어요. 우리 부모님과 형, 누나와 나, 이렇게 다섯 식구 모두 어디론가 데리고 갔습니다. 기차역에 도착했는데, 그곳에는 많은 사람들이 모여 있었어요. 우리처럼 조그마한 여행 가방을 들고 있었습니다. 그러나 그들에게서 기쁜 표정은 찾아볼 수 없었습니다. 우리는 아무 말없이 의아한 표정으로 서로 쳐다보았으며, 아무도 어디로 가는 건지 모르고 있는 것 같았습니다. 총을 어깨에 맨 많은 경찰들이 여기저기 서 있었는데 나는 너무 무서웠습니다. 어머니 손을 놓치지 않으려고 꽉 잡고 있었습니다."

나는 고개를 끄덕이며 열심히 제프리의 이야기에 귀를 기울이고 집중했으며 내 얼굴 표정이 점점 굳어지는 것을 느꼈다. 잠시 침묵이 흘렀고 그는 이야기를 계속했다.

"우리는 수용소에 도착했고, 그때부터 지옥 같은 나날이었습니다."

덤덤히 말하던 그는 갑자기 수용소 생활이 떠올랐는지 잠시 눈을 감고 한숨을 한 번 크게 쉬었다.

그곳에서 제프리는 가족 모두를 잃고 혼자만 덩그러니 남게 되었다. 나치 정권이 패망한 후, 그는 다행히 친척과 만나게 되어 도움을 받았으며 미국으로 유학을 올 수 있었다. 대학원에서 석사 학위를 받은 후 펜실베이니아주에 있는 유명한 제약회사에 입사하여 매니저로서 대우를 받으며 지낼 수 있었다. 하지만 수용소 생활이 항상 그를 시커먼 먹구름같이 뒤덮고 있어서 밤마다 악몽에 시달리곤 했다. 그때의 트라우마로 생긴 PTSD(Post-Traumatic Stress Disorder, 외상후 스트레스장애) 때문에 신경안정제와 수면제를 복용해야 잠을 잘 수 있었다.

그는 몇 달 전, 오랫동안 다니던 직장에서 은퇴하고 친구와 미국 내 명소를 찾아 여행을 계획했다. 여행하기 전에 진행했던 신체 정밀검사에서 뜻밖에 암 진단을 받았다. 아무런 증상이 없었는데 웬일인가 생각되어 의사에게 검사 결과를 다시 점검해 주길 부탁했는데 같은 결과였다. 의사는 그에게 암 초기라서 수술을 한 다음 약물 치료를 잘 받으면 치유될 거라고 말했다. 그의 담당의사가 유명한 암 전문 의사를 소개하여 그는 치료를 받기 위해 뉴욕으로 왔다.

"저는 곧 키모 약물 치료에 들어갑니다. 구토증이 오고, 머리카락도 빠질 거라고 들었습니다."

제프리는 한숨을 내쉬면서 말했다. 그는 혼자 생활하다 보니 무슨 일이 생기면 모두 자신이 결정하고 해결해야 하므로 심적으로 육체적으로 부담이 되었다.

"왜? 왜, 나에게?"

그는 울지 않으려고 애쓰고 있었다.

"제프리 씨, 많이 힘드시겠어요. 울고 싶을 때는 참지 말고 우는 게 좋아요. 카타르시스 되지요."

내가 하는 말이 그에게 위로가 되기를 바랐다.

"나는 살면서 정말 다른 사람에게 나쁘게 안 했는데, 왜 나에게 이런 일이 자꾸 생깁니까?"

제프리는 다시 울분을 터트렸다.

"네. 맞아요. 우리가 살다 보면, 그럴 때가 많죠. '왜?'라는 질문이 생깁니다. 착한 사람에게 나쁜 일이 생길 때 참으로 안타깝습니다. 아무도 그 이유를 모릅니다."

제프리가 대답을 찾고 싶어하는 '왜?'라는 질문은 우리 모든 사람에게 해당되는 인생의 질문이다. 그것은 신학자든 평신도든, 혹은 종교인이거나 비종교인이거나 상관없이 종종 언급되는 사항이기도 하다.

하지만 병원 원목으로서 환자에게 어느 신학자의 책을 인용한다거나 또는 환자와 원목의 일대일 만남에서 나의 신학적 관점에 입각하여 설교나 강의를 하는 것은 금물이다. 특히 어떤 환자에게는 오직 하나님만 아시는 일이라고 대답을 한다면 환자의 화를 더욱 돋우는 상황이 된다. 환자에게 화가 나게 하는 스트레스는 육체적 고통에 심적, 영적 부담까지 가중되어 치유에 심한 타격을 줄 수 있다.

왜 나쁜 일이 자기 자신에게 일어나는지 이해할 수 없다는 듯이 제프리는 고개를 저었다. 나는 그의 치료가 성공하여 건강을 회복하고, 여행 계획도 꼭 실현하길 바란다는 축복의 말을 하고 헤어졌다.

다음 환자를 만나기 위해 다른 병동을 향하여 걷고 있을 때 나치 치하에서 제프리가 겪었던 이야기의 여운이 내 마음을 크게 흔들고 있었다. 이런 감정 상태로 환자를 만난다는 것은 병원 원목으로서 도리가 아니다. 다시 말해서, 병원 원목은 '환자-중심'(Patient-Centered)으로 임해야 한다는 원리에 어긋나게 된다. 깊이 동요된 감정을 정리하지 않고 다른 환자를 만나면 그 감정이 전이가 되어 다른 환자에게 해로울 수 있다. 그래서 나는 여러 가지로 복합된 감정을 정리하고 새로운 열린 마음을 위해 병원 정원 안에 있는 조용한 곳을 찾아 잠시 거닐었다.

제프리의 이야기는 계속 내 머리 속을 맴돌았고, 그것의 연결고리로 내가 아는 커피숍 사장님의 이야기가 연상되었다. 반 세기 전, 그는 아내와 함께 소유했던 건물과 사업장을 모두 다 내팽개치고 밤중에 아무도 모르게 자신이 태어났고 성장한 나라에서 자유를 찾아 도망했다. 그들은 플로리다주의 마이애미까지 수많은 죽을 고비를 피하며 간신히 구사일생으로 도착할 수 있었다. 그는 그의 목에 걸려있는 십자가 목걸이를 만지면서 모든 것이 하나님의 은혜였다고 말했다.

잠깐이었지만 나는 병원 정원을 걷는 동안 마음을 정리할 수 있었다. 다음 환자를 만나기 위해 발길을 옮겼다.

"여호와의 율법은 완전하여 영혼을 소성시키며 여호와의 증거는 확실하여 우둔한 자를 지혜롭게 하며 여호와의 교훈은 정직하여 마음을 기쁘게 하고 여호와의 계명은 순결하여 눈을 밝게 하시도다"(시 19:7-8).

5장
잊히지 않는 따뜻한 손

"여호와 우리 주여 주의 이름이 온 땅에 어찌 그리 아름다운지요 주의 영광이 하늘을 덮었나이다"(시 8:1).

병원에서 오랫동안 일하다 보면 잊을 수 없는 인상 깊은 환자들이 많다.

학교에서 미술 선생님이었던 로렌스는 독실한 기독교 신자였다. 자신이 암에 걸렸다는 사실을 알았을 때는 이미 말기 상태였다. 내과 과장님의 부탁을 받고 로렌스를 방문했을 때, 그는 극심한 통증을 완화시키기 위해 몸에 부착된 모르핀 주사 약물이 자동적으로 주입되고 있었지만 별로 도움이 되지 않는지 눈을 감은 채 계속 신음소리를 내고 있었다.

낭만의 도시인 프랑스 파리의 화가로서 미술을 가르쳤던 로렌스는 결혼 후 사랑하는 아내를 따라 미국에 온 후에도 자신의 직업을 천직으로 여겼다. 로렌스는 항상 하나님께 감사하며 살았다고 한다. 그는 동료들 사이에 평판이 좋았고, 인기 있는 선생님이었다.

로렌스의 아내는 병원에서 밤낮으로 그를 정성껏 돌보고 있었다. 내가 병원 원목이라고 소개했을 때 침대 옆에 서 있던 그녀는 환자가 방금 잠이 들었으니 나중에 오면 좋겠다고 말했다. 내가 그 자리를 떠나려는 순간, 아파서 신음하던 로렌스는 눈을 감은 채 손짓으로 자기에게 오라는 신호를 했다. 그것을 본 로렌스의 아내가 나에게 환자를 위해 기도해 달라고 부탁했다.

나는 오케이라는 신호로 고개를 끄덕이며 환자에게로 가까이 발걸음을 옮겼다. 나는 로렌스에게 조금 더 다가서서, 그가 내미는 손을 잡아주었다. 그의 손이 기분 좋게 따뜻했다.

"로렌스 씨, 저는 병원 원목 박 목사입니다. 기도해 드릴까요?"

로렌스는 내 손을 힘있게 다시 잡았다.

기도하는 동안 로렌스는 말없이 내 손만 꼭 잡고 있었다. 기도가 다 끝났을 때, 그는 입가에 미소를 지었다. 그런 아름다운 미소는 처음 본 것 같았다. 매우 평화롭고 편안하며 거룩한 모습이었다. 그의 아내가 고맙다고 말하면서 눈가의 눈물을 손으로 훔쳤다. 로렌스는 계속 내 손을 꼭 잡고 있었기 때문에 나는 그대로 서서 다시 축복의 기도를 해 주었다. 원목으로서 그 이외에는 로렌스를 위해 아무것도 할 수 없었다.

조금 후에, 간호사가 환자 상태를 보고서에 기입하기 위해 병실에 들어왔다. 간호사와 환자의 가족이 의논해야 하는 개인정보 보호를 위해, 나는 로렌스와 그의 아내에게 하나님의 말씀으로 축복 인사를 하고 그 자리를 떠났다.

다음 날 내가 다시 방문했을 때, 로렌스는 이미 이 세상을 떠나고 없었다. 그때 나는 많이 슬펐지만, 그를 위해 하루 전 그 자리에 있었다는 사실에 그래도 조금 안도감을 느꼈다.

로렌스는 아무 말 없이 내 손을 놓지 않고 꽉 잡고 있었던 것 외에는 대화도 나눌 수 없는 상태였지만, 그의 얼굴 표정과 남아있는 기운으로 내 손을 꼭 잡은 것을 통해 로렌스가 나의 방문을 무척 고마워했다는 것을 짐작할 수 있었다. 사람은 감사할 때 행복감을 느낀다. 잠시라도 그가 하나님의 사랑을 느끼고 행복했었다면 그것은 하나님의 은혜이다. 로렌스는 끝까지 하나님과의 관계에서 전적으로 하나님을 믿고 의지했다고 본다.

나는 로렌스에게 고통의 시간 중에 기도와 축복을 해 줌으로써 로렌스와 하나님을 연결시켜 줄 수 있었음에 감사하였다. 로렌스와 함께한 시간은 전부 고작 십 분 정도의 만남이었지만 이십여 년이 훨씬 지난 지금도 그의 따뜻한 손과 평화롭고 거룩한 미소가 잊혀지지 않는다.

"나는 부활이요 생명이니 나를 믿는 자는 죽어도 살겠고 무릇 살아서 나를 믿는 자는 영원히 죽지 아니하리니 이것을 네가 믿느냐"(요 11:25-26).

6장
감사 할아버지

"범사에 감사하라 이것이 그리스도 예수 안에서 너희를 향하신 하나님의 뜻이니라"(살전 5:18).

피터는 조금씩 아프던 무릎이 갑자기 걷지 못할 정도로 통증이 심해져서 무릎 교체 수술을 위해 정형외과 병동에 입원했다. 그의 별명이 '감사 할아버지'라는 것을 간호사를 통해 들었다. 피터는 감사라는 단어가 항상 입에서 저절로 흘러나온다는 것이다.

내가 병원 원목이라며 피터에게 인사했을 때 피터는 물리치료를 금방 마친 후 혼자 워커에 손을 얹고 천천히 걷는

연습을 하고 있었다. 그는 나를 보고 반가워하며 침대 옆 의자에 앉았다.

"피터 씨, 오늘 기분이 어떠세요?"

"방문해 주셔서 감사합니다. 저는 무릎 교체 수술 후 병원에 들어왔을 때보다 많이 좋아지고 있습니다. 이런 상태라면 곧 퇴원할 수 있다고 의사선생님이 말씀하셨습니다."

"와우. 무릎 교체 수술하셨는데 벌써 걸으시네요. 정말 잘됐어요. 성공적인 수술이 되어 참 기쁩니다. 계속 하나님의 은혜로 빠른 완쾌를 바랍니다."

"감사합니다."

피터가 웃으며 말했다. 그는 느닷없이 나에게 개를 기르느냐고 질문했다. 피터는 자신의 개에 대해 말하고 싶었던 것 같았다.

"저는 지금 개를 기르지 않지만, 제가 어렸을 때 저의 어머니가 개를 너무 좋아하셔서 저희 집에 개가 두 마리나 있었답니다."

나의 답변을 들은 피터는 재미있는 얘기를 하겠다면서 말했다.

피터는 케이블 TV에서 보여주는 한국 방송을 많이 시청했다. 그는 한국어를 전혀 모르는데 우연히 한국말이 나오는 방송을 보게 되었다.

"마침, 프로그램마다 영어 자막이 나와서 이해할 수 있었고, 굉장히 재미있더라고요. 한국 프로그램을 볼 때마다 저의 애견, 랄프와 함께 봤었어요."

피터는 책상 위에 놓여 있던 지갑에서 골든리트리버, 랄프 사진을 한 장 꺼내어 나에게 보여주었다.

"저도 이 종류의 개를 참 좋아하는데요. 개가 무척 똑똑하며 사람을 잘 따르고 애정을 보여주더라고요."

내가 피터의 개를 칭찬했을 때 그는 기분 좋게 웃었다.

"얼마 전에 같은 빌딩에 살고 있는 친구가 저를 방문한 적이 있어요. 제가 부엌에서 간단한 간식과 커피를 준비하는 동안, 친구는 텔레비전을 틀었어요. 제가 항상 즐겨보던 한국 방송이 나와서 친구는 미국 방송으로 바꿨더니, 랄프가 큰소리로 멍멍 짖더군요. 너무도 쉬지 않고 시끄럽게 짖어서 친구가 다시 한국 방송으로 틀면 랄프가 잠자코 있고 미국 방송으로 돌리기만 하면 또 큰소리로 멍멍 짖었어요.

그래서 할 수 없이 친구는 웃으면서 미국 방송을 포기하고 한국 방송으로 그냥 돌려 놨지요."

피터와 나는 그 영리한 랄프 때문에 한참을 웃으며 대화를 나누었다.

사람이 다른 나라에서 살면 자동적으로 자기가 태어난 나라를 지지하며 애국자가 된다는 말을 들은 적이 있었는데 그 말이 실감났다. 나도 모르게 피터에게 한국에 대한 자랑을 늘어놨다. 피터와 나는 인기있는 한국 드라마와 뮤직비디오, 그리고 아이돌 그룹에 대해 이야기를 하며 즐겁게 대화를 나누었다.

목회 상담으로 사람들을 도와줄 때 서로가 교통할 수 있는 관계를 갖는 것이 중요하다. 나는 피터와의 대화에서 랄프라는 개에 대한 이야기로 피터의 마음이 웃음과 함께 훨씬 열려져 있음을 느꼈다. 이렇게 환자가 열린 마음으로 대화를 나눌 때 정신적으로나 영적으로 안정감을 찾게 되면서 자신의 육체적 치유에 많은 도움이 된다.

감사 할아버지 피터처럼 사람은 감사를 느끼고 표현할 때 마음이 즐거워지며 행복감을 갖게 된다고 말하는 것을 들은 적이 있다. 감사함을 자주 느끼는 것이 정신 건강 웰빙에 많은 도움을 준다고 생각된다.

감사 할아버지 이야기를 하다 보니, 우리 가족과 친지들 그리고 이웃에게 정신적 지주이며 멘토이셨던 나의 어머니 생각이 난다. 어머니는 선교사가 세운 여학교를 다니면서 어린 나이에 세례를 받고 크리스천 생활을 시작했다. 약사로서 약국을 경영할 때는 많은 가난한 자들에게 약을 그냥 주었고, 학비를 내지 못하는 학생들을 도와주면서 이웃 사랑을 실천한 분이었다.

104세가 훨씬 넘은 연세에 육체적으로는 약하고 기억력이 조금 부족했지만, 가족과 친척들이나 교회 목사님들과 교인들의 성함을 잊지 않고 기도했으며 매일 감사하는 생활을 하셨다. 교회에 참석할 수 없었을 때도 하나님에 대한 사랑으로 십일조를 끊이지 않고 하셨다. 어머니는 누구에게나 똑같이 대우해 주며 존중하셨다. 만나는 모든 사람에게 격려와 영감을 주었으며 여성의 귀감으로 칭송을 받으셨다.

특이한 점은, 어머니가 간병인들에게 반드시 존댓말을 사용했고, 항상 작은 일에도 고맙다는 말씀을 하며 축복 기도를 해주는 좋은 습관이 있었다는 것이다. 그래서 모든 간병인들이 어머니를 '감사 할머니'라고 부르며 존경했다.

하나님께서도 우리에게 모든 것에 감사하라고 말씀하신다. 우리는 감사하는 마음을 가질 때, 하나님이 세상에 있는 모든 좋은 것을 우리에게 주시는 분이라고 생각하게 된다. 우리가 숨쉴 수 있는 공기, 모든 생물이 살아가기 위해 필요하며 따뜻함을 주는 햇빛, 물로 사용할 수 있는 비 등을 무료로 주신 하나님께 감사하는 것이다.

"여호와는 나의 힘과 나의 방패이시니 내 마음이 그를 의지하여 도움을 얻었도다 그러므로 내 마음이 크게 기뻐하며 내 노래로 그를 찬송하리로다"(시 28:7).

6장 감사 할아버지

7장
하얀 꿈

"여호와는 나의 빛이요 나의 구원이시니 내가 누구를 두려워하리요 여호와는 내 생명의 능력이시니 내가 누구를 무서워하리요"(시 27:1).

소복하게 쌓인 눈이 아직 채 녹지 않은 추운 겨울, 나는 간호사의 부탁으로 마리아를 만났다. 그녀는 매일 아침마다 직장에 가기 전에 조깅을 하며 몸 건강 관리에 게을리하지 않고 열심히 사는 미혼녀였다.

마리아는 어느 제빵공장에서 오랫동안 힘과 열정을 다해 배우면서 일했다. 허드렛일부터 시작하여 빵 만드는 기술자들의 관리를 맡게 된 그녀는 성실하게 임무를 수행했다. 마리아가 소속된 생산팀은 회사에 재정적으로 끼치는 영향이 많은 관계로 항상 스트레스 속에서 살지만 즐거운 마음으로 보람있는 나날을 보냈다. 매주 주급에서 저축한 적금은 외국에 살고 있는 부모님과 학교 다니는 동생들을 위해 송금했다.

마리아는 친구의 생일파티에서 술을 조금 마신 것 외에는 별 이상이 없었는데 갑자기 기절하면서 쓰러졌다. 부랴부랴 구급차에 실려 병원 응급실에 와서 모든 검진을 받았다. 종합 검사와 바이옵시 수술 결과, 암 말기라고 의사는 말했다. 그것은 청천벽력같은 단어였다. 다른 장기에도 이미 전이된 상태였다. 그때까지 아무런 증상이 없었는데 정말 거짓말 같았다. 의사에게 수차례 확인을 했지만 똑같은 말이었다.

병원에서, 그녀는 배에 심한 통증을 호소했다. 마리아는 통증 때문에 자주 고통을 느꼈고 그동안 몇 번이나 중환자실에 들어가서 인공생명기계에 의존했었기 때문에 그녀는 "Do Not Resusitate(DNR), Do Not Intubate(DNI)" 용지에 사인도 해 놨던 상태였다. DNR과 DNI 용지는 환자가 마지막 호흡 곤란이 왔을 때, 튜브를 입으로 넣거나 인공기계를 사용하여 생명 연장을 시키지 말라는 요구서이다.

그녀의 사무실 동료들이 번갈아 가며 병원에 와서 위로했다. 의학적으로, 그녀는 더 이상 오래 살지 못할 것이라고 의사들은 말했다. 얼마 남지 않은 그녀를 위해 제빵공장 사장이 주선하여 모든 비용을 부담하는 등 도와줌으로써 그녀의 어머니가 빨리 미국에 올 수 있었다.

마리아의 어머니와 나는 인사와 축복의 말 이외엔 언어가 통하지 않았다. 하지만 나는 그녀의 어깨를 감싸 안고 눈물로 마음을 나눔으로써 위로했다. 심적 고통으로 우는 자에게 나의 한쪽 어깨를 빌려주는 것은 감정 이입에 의한 하나의 공감 형성이라고 할 수 있다. 경청이란 반드시 귀로만 듣는 것이 아니고, 상대방의 몸짓이나 얼굴 표정 또는 말의 억양에도 관심을 갖는 것이다.
이런 상황에서 나는 그들을 위해 기도해 주는 것과 그들과 함께 있으면서 고통을 나누는 것이 전부였다. 무슨 말로 위로를 할 수 있겠는가? 자식을 잃는다는 것은 부모에게 이 세상 그 어느 것보다도 악몽 중의 악몽이다. 어떤 말로도 위로가 되지 않는다. 하나님께로부터 오는 위로의 말씀만이 도움이 될 수 있다.

그녀의 상태가 많이 나빠져서 병원의 배려로 2인용 병실을 마리아 혼자 사용할 수 있게 되었다. 마리아는 침대 옆 책상 위에 성당에 다니는 친구가 가져온 성수가 들어 있는 조그만 병과 성모 마리아 상을 장식했으며 벽에는 예수 그리스도의 사진을 걸어놓고 열심히 성경을 묵상하곤 했다. 우리는 매일 기도와 함께 마리아가 좋아하는 성경 구절을 선택하여 읽으며 조용히 찬송도 함께 불렀다. 교회에서 세례 받은 마리아와 그녀의 어머니는 독실한 기독교 신자였다.

마리아는 침대에 누운 채, 그녀의 어머니와 함께 우리 세 사람이 하나님 앞에 한뜻으로 경배를 드리며 찬양했다. 마리아의 어머니는 마리아가 통증과 고통을 견디기 어려워하는 것을 보고 안타까워서 계속 눈물을 닦았다.

병원에 소속된 원목은, 환자가 원할 때 기도를 하면서 성경 구절을 읽어 줄 수 있지만, 환자에게 성경 구절을 인용하여 설교나 성경 강의 같은 것은 할 수 없다. 이것은 환자가 신임하고 있는 원목이 자칫 환자의 종교나 믿음을 전환시키지 않을까 하는 우려에서 발생한 원칙이다.

　마리아와 그녀의 어머니를 마지막으로 만난 날은 금요일이었다. 내가 마리아의 어머니를 복도에서 만났을 때 주위에는 아무도 없었다. 나는 그녀의 손을 잡고 빨리 마리아를 보러 가자면서 마리아의 방에 들어갔다. 마리아는 보이지 않고 침대는 마치 하얀 침대보를 금방 바꾼 것 같았으며 주위의 모든 것이 하얗게 보였다. 마리아의 침대 위에 하얀 홑이불 시트가 잘 접어져서 깨끗하게 정돈되어 있었다. 순간적으로 나는 마리아가 무슨 검사를 받으러 갔거나 혹은 화장실을 간 게 아닐까 하는 생각이 들었다. 마리아의 어머니에게 나는, "마리아가 어딜 갔나요?"라고 물으면서 잠에서 깨어났다.

　전날 밤, 나는 병원에서 일어났던 여러 가지 생각에 거의 뜬눈으로 지새다가 새벽녘에 잠깐 눈을 붙였었다. 눈을 뜨고 보니 꿈이었다. 참으로 이상한 생각이 들었다. 급히 일어나서 마리아와 그녀의 어머니를 위해 기도했다. 주말 내내 마리아가 어떻게 되었는지 몰라 마음이 무거웠다.

월요일, 병원에 가자마자 마리아를 찾았다. 간호사에게서 마리아가 주말에 세상을 떠났다는 이야기를 들었다. 물론 마리아가 얼마 살지 못한다는 것은 의사를 통해 들었지만, 그렇게도 그리워하던 어머니와 함께 며칠을 보내지 못하고 세상을 떠나서 너무 가슴이 아팠다. 그래도 마리아가 세상을 떠나기 전날, 다 함께 간소한 예배를 하나님께 드렸다는 것이 마리아의 어머니에게 조금이나마 위로가 되었기를 나는 마음속으로 바랐다.

"해 뜨는 곳에서든지 지는 곳에서든지 나밖에 다른 이가 없는 줄을 알게 하리라 나는 여호와라 다른 이가 없느니라 나는 빛도 짓고 어둠도 창조하며 나는 평안도 짓고 환난도 창조하나니 나는 여호와라 이 모든 일들을 행하는 자니라 하였노라"(사 45:6-7).

8장
기도의 힘

"구하라 그러면 너희에게 주실 것이요 찾으라 그러면 찾아낼 것이요 문을 두드리라 그러면 너희에게 열릴 것이니 구하는 이마다 받을 것이요 찾는 이는 찾아낼 것이요 두드리는 이에게는 열릴 것이니라"(눅 11:9-10).

'위험 임산부 병동'은 임신한 여성이 해산 임기 전에 태아에게 위험이 올 수 있는 상태라고 의심이 가는 경우, 임산부가 보호받으며 치료받는 병동을 말한다. 이 병동의 복도를 지나가고 있을 때, 새로 채용된 어느 간호사가 나에게 다가왔다.

"목사님, 제 언니가 여기 있는데 기도해 주실 수 있습니까?"

"네, 물론이죠." 나는 대답과 동시에 그녀를 따라 환자의 방으로 들어갔다. 환자, 낸시는 침대에 반듯하게 누워 있었다.

낸시는 경영대학원에서 MBA학위를 받은 후 중소기업에서 매니저로 열심히 일했다. 일에만 집중하다 보니 결혼이 늦어져서 사십 대 중반에 첫아이를 임신하게 되었다. 그녀는 임신 초기 3개월의 상태였다. 의사의 말에 의하면, 자궁에서 피가 나오는데 계속 피가 흐르면 유산할 수 있기 때문에 침대에 가만히 누워 있어야 한다는 것이었다. 오랫동안 임신을 기다려 왔던 낸시는 아기를 잃을까 봐 걱정하며 불안해했다.

"목사님, 기도해 주세요. 아기에게 아무런 일도 생기지 않게 기도해 주세요."

낸시는 울먹이며 말했다. 그녀는 천주교 신자였으므로 내가 환자들을 위해 준비하여 가방에 넣었던 묵주 로저리를 꺼내어 주면서 그녀가 요구한 대로 정성과 성심을 다하여 하나님께 기도했다.

천주교 신자는 로저리 묵주를 손으로 돌리면서 기도한다. 많은 경우, 환자들이 병원에 급하게 입원하기 때문에 로저리를 갖고 오지 못하여 그들에게 로저리가 필요하다. 그래서 나는 항상 신부님이 미리 축복한 묵주를 원목 사무실에 준비해 놓고 천주교 신자를 방문할 때마다 그 묵주를 들고 간다.

원목 사무실에 있는 묵주는 여러 가지 색깔이 있지만, 성모 마리아의 색이 파랑색이라면서 낸시는 파랑색 로저리를 원했다.

다음 날 내가 그 병동에 들어갔을 때 기다렸다는 듯이 환자의 동생이 내 손을 잡아 끌면서 매우 반가워했다. 의사의 검진 결과 낸시의 자궁에서 피가 나던 부분이 감쪽같이 사라지고 완전히 치유되었다고 말했다. 며칠 더 지켜본 후 퇴원할 수 있다며 의사는 기적이라고 했다는 것이다. 우리는 하나님께 모든 영광을 돌리며 감사기도를 드렸다.

"너희 중의 두 사람이 땅에서 합심하여 무엇이든지 구하면 하늘에 계신 내 아버지께서 그들을 위하여 이루게 하시리라 두세 사람이 내 이름으로 모인 곳에는 나도 그들 중에 있느니라"(마 18:19-20).

믿고 기도할 때 나타나는 기도의 힘이란 참으로 놀랍다. "무엇이든지 기도하고 구하는 것은 받은 줄로 믿으라 그리하면 너희에게 그대로 되리라"(막 11:24)라는 성경 말씀은 우리에게 기도에 대한 확신을 준다.

우리는 기도에 의한 기적을 믿는다. 구약성경을 보면 히스기야 왕이 병이 들어 죽게 되었을 때, "내가 주 앞에서 진실과 전심으로 행하며 주의 목전에서 선하게 행한 것을 기억하옵소서"라고 울면서 온몸과 온 마음을 다해 기도했다. 그의 진심을 담은 기도를 듣고 하나님께서, "네 기도를 들었고 네 눈물을 보았노라" 말씀하시며 히스기야 왕에게 15년을 더 살도록 생명을 연장시켜 주셨다(사 38:1-6).

9장
환자 자신만의 공간을 주라

"네가 말하기를 여호와는 나의 피난처시라 하고 지존자를 너의 거처로 삼았으므로… 그가 너를 위하여 그의 천사들을 명령하사 네 모든 길에서 너를 지키게 하심이라"(시 91:9, 11).

목요일은 병원 원목실에서 '이웃을 위한 아웃리치(Out Reach)' 프로그램으로 시작한 '상실감 카운슬링'을 하는 날이었다. 이것은 사랑하는 사람을 잃은 상실감 때문에 고통 속에서 괴로워하는 이들을 도와주는 프로그램으로서 1년에 네 번, 한 번에 6주 동안 계속되었다. 네 명의 원목이 순서대로 프로그램을 맡았는데 이번에는 내 차례였다.

후덥지근한 여름날에, 병원에서 자동차로 십오 분 거리에 위치한 외래환자를 위한 빌딩에서 기다리고 있던 그룹에게 나는 상담 봉사를 했다. 여덟 명이 모였다. 한 사람씩 돌아가면서 자기소개와 어떤 사연인지를 말했다. 나는 그룹 상담이지만, 각 개인의 가슴 아픈 사연과 심리적 상황에 대해 감정 이입에 입각하여 공감하며 경청하고 피드백을 주면서 그들의 마음속에 쌓여 있는 그리움과 울분과 밀려오는 외로움을 모두 털어 놓을 수 있도록 격려했다. 그렇게 함으로써, 나는 그들이 영적으로 그리고 정신적으로 홀가분해져서 자아의식을 발견하고 새로운 생활에 도전할 수 있도록 도움을 주려고 노력했다.

카운슬링이 끝난 후, 빌딩에서 주차했던 자동차가 있는 곳까지 걸어가는 동안 무더운 날씨 탓에 나는 모기에게 물렸다. 목과 팔의 여러 군데가 발갛게 부어오르면서 몹시 가려웠다. 가방 안에 넣었던 알코올 스웝을 꺼내어 가려운 곳에 마구 문질렀다. 가렵고 부어올랐던 피부가 금방 가라앉으며 시원해지는 기분이었다.

내가 원목사무실에 도착하기 전에 비퍼가 울렸다. 나는

환자의 정보를 받고 곧장 환자실로 향했다.

마가렛은 평생을 남편과 다섯 자녀들의 뒷바라지를 정성껏 보살폈다. 어릴 때 외국 고아원에서 미국 양부모님께 입양되어 사랑을 듬뿍 받으며 성장한 마가렛은 고등학교 졸업 후 사랑하던 남자친구와 결혼했다. 그녀는 가족이 많은 게 꿈이었기 때문에 자연스럽게 아이들을 기르는 것을 좋아했다. 몇 년 전에 사랑하던 남편이 먼저 세상을 떠났지만 지금은 다섯 자녀들이 모두 결혼하여 저마다 가정을 이루었고 손주들까지 장성하여 마가렛은 매일 행복한 나날을 보냈다.

그러나 근래에 팔과 다리에 무감각 증세가 오면서 저리고 뻣뻣해지는 경우가 많았다. 이런 증상이 예고 없이 찾아와 정상생활을 하기가 힘들었다. 병원에서 정밀검사를 받은 결과 암이라는 진단이었다. 도저히 믿기지 않았다. '혈액 순환이 좋지 않아서 생긴 증상으로 짐작했는데 암이라는 게 정말인가? 검사결과가 확실한 건가?'라고 생각하면서 다른 의사에게 상담을 받았지만 똑같은 진단이었다.

내가 병원 원목으로서 방문했을 때, 마가렛은 무척 반가워하며 자신의 상황을 거침없이 말했다.

"저는 요즘 운전도 못 하고 아무데도 혼자 못 갑니다. 내 몸이 갑자기 움직이지 못할까 봐 걱정 때문이에요."

마가렛은 눈을 반짝이며 진지하게 말했다.

"정말 속상하시겠어요. 많이 실망하셨겠네요."

내 말에 마가렛은 수긍한다는 의미로 고개를 끄덕였다.

"제가 가장 슬픈 것은 다른 사람을 도와주지 못한다는 겁니다."

친절과 봉사가 삶의 모토였던 천주교 신자 마가렛은 자신의 종교 생활 중에서 가장 인생의 보람을 뿌듯하게 느끼는 것은 성당에서 주관하는 프로그램 중 하나인 '홈리스 음식 나누기'에서 자원봉사를 하는 것이라고 말했다. 그 프로그램에 계속 참석하기 위해서도 자신이 빨리 치료받고 회복해야 한다면서 희망에 젖어 있었다.

마가렛은 침울한 표정을 지으며 잠시 동안 아무 말도 하지 않았다. 그녀는 침대 옆 조그만 탁자 위에 있는 화장지 통에서 얇은 종이 한 장을 꺼내어 눈가를 촉촉히 적신 눈물을 살살 눌러 닦으면서 말했다.

"미안합니다. 제가 눈물이 많아졌어요."

마가렛의 안쓰러운 감정이 나에게도 전달이 되어 나도 모르게 눈물이 맺혔다. 나는 가방에서 티슈 한 장을 꺼내면서 말했다.

"그건 좋은 현상입니다. 울고 싶을 때 실컷 울고 나면 응어리졌던 마음이 조금 풀리죠? 정신 건강상 좋아요."

나는 계속 눈물을 흘리는 그녀 옆으로 좀 더 다가섰다.

"제 가족들이 저를 위해 기도해 주고 지지를 많이 해줍니다. 가족이 옆에 항상 있다는 게 이렇게 큰 힘이 될 줄 몰랐어요."

마가렛이 화장지 통에 손을 내밀어 티슈 몇 장을 더 꺼내면서 말했다.

"그런데, 제가 가족들 앞에서 울고 싶을 때 마음대로 울지를 못해요. 내가 울면, 가족들이 저보다 더 많이 울어요. 그래서 저는 억지로 울음을 참을 때가 많이 있습니다. 어떤 때는 그렇게 하는 것이 너무 힘들어요. 차라리 가족들과 함께 있을 때, 내가 실컷 울고 나면 마음이 시원해질 것 같아요. 제가 이렇게 목사님 앞에서 마음 놓고 울고 나니 좀 평안해지는 것처럼요. 고맙습니다."

나의 방문이 조금이나마 도움이 되었다는 그녀의 말이 너무나 고마웠다.

"마가렛 씨가 말씀한 것처럼, 우리는 아플 때 가족의 소중함을 더욱 깨닫게 되죠. 많은 가족분들이 마가렛 씨에게 사랑과 격려를 주신다니 참으로 하나님의 큰 축복입니다."

나는 엄지 척을 그녀에게 보여주었다.

몸과 마음이 괴롭거나 아플 때, 가족의 사랑과 관심은 어떤 약보다 더 소중하고 많은 도움이 된다. 특히 우리가 병원에 있을 때 가족의 사랑이 절실한 것은 두말할 나위 없다. 마가렛은 자신이 울고 싶을 때 아무 말 없이 옆에 있어 주는 가족이 필요했다. 그녀는 자신의 상태가 한탄스러워서 울면, 가족들은 오히려 마가렛이 안쓰러워서 가슴 아파하며 그녀보다 더 많이 우는데 그것을 보기가 괴롭다는 말이었다. 그만큼 가족을 사랑하는 마음이 크기 때문이었다.

마가렛의 경우를 보면서, 우리가 환자와 함께 있을지라도 때로는 환자에게 혼자만의 영역을 제공해 주는 것도 필요하다고 느꼈다. 환자가 자신의 상황이 너무 서럽거나 화가 나서 울고 싶을 때, "울지 마라! 울면 건강을 해친다! 모든 것이 다 잘 될 거야!"라고 위로하는 것보다, 환자가 마음껏 울도록 옆에서 가만히 지켜봐 주는 것이 환자를 위하여 백 배 낫다고 나는 생각했다.

또다시 방문해 주기를 바라는 그녀에게 하나님의 사랑과 은혜의 말씀으로 축복해 주면서 그러겠노라 약속하고 발걸음을 옮겼다.

"오직 하나님은 미쁘사 너희가 감당하지 못할 시험 당함을 허락하지 아니하시고 시험 당할 즈음에 또한 피할 길을 내사 너희로 능히 감당하게 하시느니라"(고전 10:13).

10장
예상하지 못한 사고

"여호와는 나의 목자시니 내게 부족함이 없으리로다 그가 나를 푸른 풀밭에 누이시며 쉴 만한 물가로 인도하시는도다 내 영혼을 소생시키시고 자기 이름을 위하여 의의 길로 인도하시는도다"(시 23:1-3).

내과 병동에 입원하고 있던 쟌의 침대는 강물이 보이는 창문 쪽에 있었다. 쟌에게 내가 병원 원목이라고 소개하면서 어느 정도 대화를 나누고 난 후, 그는 마음의 문을 열기 시작했다.

"환자 정보에 보면 종교란이 비었던데, 무엇이라고 적으면

될까요?"라고 조용히 물으면서 쟌의 기분을 살폈다.

"난 하나님을 믿지 않습니다. 하나님이 있다면, 나를 이렇게 버릴 수 없습니다."

나는 쟌의 하나님에 대한 반발에 당황했지만 아무 말 없이 묵묵히 듣고 있었다. 원목은 환자가 무슨 말을 하든지, 환자의 마음을 감정 이입으로 들어야 하기 때문이다. 사실, 나는 할 말을 잃었다. 얼마나 그가 힘들었으면… 오죽하면 그렇게 말할까 생각했다.

잠시 침묵이 흐른 후, 그는 자연과 함께 있으면 자신의 마음에 고요함과 평안감을 준다면서 말을 계속했다.

"지금 내가 믿는 것은 돌이나 나무, 달과 별 같은 자연입니다. 이런 아름다운 자연의 사물들이 내 종교의 대상입니다. 자연은 내 마음을 위로해 줍니다."

쟌은 창문 밖을 한 번 힐끗 내다보면서 말했다. 얼굴에 수심이 가득 찬 것같이 보였던 그는 차분하게 얘기를 시작했다.

"오래전에 딸아이가 친구들과 함께 대형 자동차 사고로 세상을 떠났습니다. 그때부터 제 몸이 이렇게 만신창이 되었습니다."

"어머나! 큰 자동차 사고요?"

"그때 뉴스에 나왔었는데요"라면서 그는 힘없이 말했다. 삼십여 년 전에 하나밖에 없는 딸을 잃었던 슬픈 사연이었다.

그의 외동딸은 쟌이 아내와 결혼하고 십 년 이상 애타게 기다린 후에 세상의 빛을 본 귀한 아이였다.

"제가 절대로 잊을 수 없는 날입니다. 그날은 딸의 16세 생일이었습니다. 아침부터 우리 모두가 즐거웠고 기분이 들떠 있었죠. 제 딸이 친구들과 밤에 모임을 갖기로 했다고 하여, 우리는 집에서 생일파티를 초저녁에 일찍 했었습니다. 그리고 가족과 친척들과 친구들이 모두 모이는 Sweet 16* 파티는 그다음 날인 토요일에 하기로 되어 있었지요."

(*참고: 미국에는 여자아이가 만 16세 되면 'Sweet 16'이라는 생일파티를 친척들과 친구들을 초청하여 축하해 주는 풍습이 있다. 만 16세에 자동차 운전 면허증을 받고 일도 할 수 있으므로 그런 상황을 축하하는 파티라고 볼 수 있다.)

여기까지 천천히 한마디씩 띄엄띄엄 말한 그는 한숨을 깊게 내쉬었다. 잠시 침묵이 흘렀다. 쟌은 흐르는 눈물을 손등으로 닦으며 계속해서 말을 이었다.

쟌의 딸은 친구들과 새벽녘에 집으로 귀가하던 중 하이웨이에서 크게 사고가 발생했다. 반대편에서 굉장히 빠른 속력을 내며 오던 트럭이 하이웨이 가운데 있는 노란색 두 줄을 넘어서 아이들이 탄 자동차를 들이받았다. 그 당시 트럭 운전수는 술에 만취된 상태였고 여러 번 술에 취하여 사고를 낸 경력 때문에 운전면허증이 취소된 사람이었다. 트럭에 부딪치면서 차 안에 탔던 세 명 모두가 생명을 잃은 참사였다.

사랑하는 딸을 잃은 후, 쟌과 그의 아내는 예전과 전혀 다르게 변하고 있었다. 완전히 웃음을 잃었고, 무엇을 해도 즐겁지 않았으며, 사람들과 만나는 것을 기피했다. 매주마다 한 번씩 만나던 볼링 그룹과 그렇게도 열심이었던 교회의 성경공부에도 참석하지 않았다. 열심히 봉사하며 다니던 교회에 가기 싫어졌고, 전문가의 상담도 받아 봤지만 깊이 빠진 늪에 있는 것처럼 절망과 낙심에서 헤어나올 수 없었다. 그의 아내는 괴로움과 슬픔을 이겨내지 못하여 마시지도 못하는 술에 의지하더니 결국 심장마비로 일찍 세상을 떠났다.

그 후 쟌은 오랫동안 살던 고향을 떠나서 형님이 살고 있는 뉴욕으로 이사를 왔다. 그는 병명이 뚜렷하지 않은 여러 가지 복합적인 병으로 병원 신세를 지며 살고 있었다.

쟌은 딸 생각만 하면 창자가 갈기갈기 찢어지는 것 같다고 말했다. 그는 자신의 가슴앓이를 차근차근 쏟아내듯이 말하면서 입술을 질근 깨물기도 했다가 허공을 쳐다보기도 하면서 조용히 흐르는 눈물을 티슈로 닦았다.

"말씀을 들으니 참으로 힘든 세월을 보내셨네요. 마음고생이 많으셨겠어요. 그래도 천국에서, 따님과 부인이 쟌 씨와 영적으로 함께하시면서 박수도 보내고 많이 응원하실 것 같이요. 두 분은 쟌 씨가 건강하고 행복하시길 바라고 계실 거예요."

나는 쟌의 팔을 꼭 잡으며 말했다. 그는 말없이 고개를 끄덕였다. 자기의 분신인 자식을 잃은 부모에게 위로가 되는 말은 하나도 없다.

어떤 말로도 위로가 안 된다고 생각할 때는 아무 말 없이 그 사람 옆에서 함께 있어 주는 것도 큰 도움이 된다. 구약성경 욥기에서 우리는 배울 수 있다. 욥이 악창으로 고생하고 또 모든 재물과 사랑하는 가족을 모두 잃었을 때, 친구들이 위로하기 위해 욥에게 왔지만 욥의 곤고함이 심함을 보고 친구들은 밤낮으로 칠 일 동안 아무런 말도 하지 않고 욥과 함께해 주었다(욥 2:11-13).

우리가 반드시 말로 위로해야 하는 것은 아니다. 한마디 말이 없이도 깊은 동정과 공감의 침묵으로 슬프고 괴로워하는 마음을 이해하며 그 사람과 진심으로 함께 있어 줌으로써 사랑을 나누는 것도 큰 위로가 된다.

"내가 사망의 음침한 골짜기로 다닐지라도 해를 두려워하지 않을 것은 주께서 나와 함께하심이라 주의 지팡이와 막대기가 나를 안위하시나이다 주께서 내 원수의 목전에서 내게 상을 차려 주시고 기름을 내 머리에 부으셨으니 내 잔이 넘치나이다 내 평생에 선하심과 인자하심이 반드시 나를 따르리니 내가 여호와의 집에 영원히 살리로다"(시 23:4-6).

11장
당직

"내가 산을 향하여 눈을 들리라 나의 도움이 어디서 올까 나의 도움은 천지를 지으신 여호와에게서로다"(시 121:1-2).

주말 당직이었던 어느 화창한 토요일이었다.

우리 병원에는 네 명의 풀 타임 원목이 있었고 그 외 원목 훈련을 받은 여러 명의 사람들이 병원에서 필요할 때마다 파트 타임으로 일했다. 당직은 오로지 우리 풀 타임 원목의 몫이었다. 우리는 당직을 번갈아 가면서 맡았는데, 낮과 밤 그리고 주말 당직이다. 밤과 주말 당직을 할 때는 한 명의 원목이 병원 전체를 맡아서 환자와 가족들 그리고 의료진을 심적, 영적으로 돌본다.

원목은 환자에게 위급한 상황이 발생했을 때 당황하거나 실의에 빠진 환자의 가족들과 함께함으로써 그들을 격려하며 필요한 사항을 도와주기도 한다. 특히 위급상황일 때는, 간호사들이 환자를 돌보기에 바쁘기 때문에 환자들의 가족에게까지 관심을 줄 수 없어서 원목이 그들의 교량 역할을 위해 환자의 가족에게 목회상담부터 정신적인 돌봄까지 배려해 주는 것이다.

집에서 점심식사를 하려는 순간, 허리에 차고 있던 비퍼가 '삐, 삐, 삐' 울렸다. 나는 코드라는 글자가 보여서 병원에서 원목을 찾는 급한 상황이라는 것을 금방 알았다. 비퍼에 찍힌 번호로 전화하여 무슨 일인가라고 물었을 때 응급실 비서는, "틴에이저 환자가 응급실로 이동되었는데 급하게 수술실에 들어갔습니다. 지금 가족들이 예배실에 있는데 매우 상심한 상태이므로 빨리 오셔야겠습니다"라고 말했다.

"알겠습니다. 환자의 종교는 무엇입니까?"

원목은 환자의 종교를 알아야 필요한 경우에 환자나 혹은 환자의 가족에게 같은 종교의 목회자-랍비, 이맘, 스님, 혹은 신부님 등—와 빨리 연결시켜 줄 수 있다.

"천주교입니다. 신부님은 오고 계신 중입니다"

응급실 비서가 말했다.

"감사합니다. 저도 지금 곧 가겠습니다."

나는 다급한 상황이라서 묵주가 몇 개 들어있는 가방을 챙겨 들고 곧장 자동차의 시동을 걸었다. 주말 당직이었기 때문에 미리 원목 사무실에 있는 묵주를 준비해 두었다. 주중에는 공공차량 수단을 이용하는 것이 나에게 편하지만, 밤이나 주말 당직일 때는 너무 늦게 병원에 도착할 수 있기 때문에 내 차로 움직였다.

내가 예배실에 도착했을 때, 당직하는 신부님은 아직 보이지 않았다. 환자의 친척으로 간주되는 사람들이 모여 있었다. 나는 우선 환자의 부모를 만났다.

"무척 힘드시겠습니다."

나는 병원 원목이라고 말하면서 환자의 부모를 먼저 만났다.

사고로 다친 환자, 브랜다는 그 집의 외동딸이었다. 중학생인 브랜다는 다재다능한 아이였다. 그녀는 단거리 달리기

트랙팀에서 활약하고 있었으며, 교내 음악 콩쿠르에서도 바이올린 부문 수상을 여러 번 했었다.

건강했던 아이가 갑자기 어처구니없는 사고를 당하니 모두가 말문이 막히고 어쩔줄 몰랐다. 그날은 브랜다의 집에서 모임이 있었다. 많은 일가친척들이 모인 가운데 브랜다는 뒤뜰에서 친구들과 함께 즐겁게 뛰놀고 있었다. 브랜다는 뜻밖에 조그만 돌부리에 걸려 넘어지면서 머리 쪽에 피를 흘리며 온 몸이 꼬여 팔과 다리를 심하게 다쳤다. 급하게 구급차에 실려 병원에 오자마자 수술실에 들어간 상태였다.

"신부님은 언제 오시나요?"

흐르는 눈물을 계속 닦던 환자의 어머니가 울먹이며 말했다.

"지금 오시고 있는 중입니다. 신부님을 기다리는 동안, 우리 모두 하나님의 보살핌이 따님과 함께하여 성공적인 수술이 되기를 기도할까요?"

그녀는 울면서 고개를 끄덕였다. 나는 브랜다의 좋은 수술 결과와 빠른 회복을 위해 정성껏 하나님께 기도했다. 마침내 기다리던 신부님이 오셔서 브랜다를 위한 축복기도를 해주셨다.

하나님의 은혜로 브랜다는 일주일 후 수술 경과도 좋았고 많이 회복되어 물리치료를 위한 전문병원으로 옮길 수 있었다.

"여호와 그가 네 앞에서 가시며 너와 함께하사 너를 떠나지 아니하시며 버리지 아니하시리니 너는 두려워하지 말라 놀라지 말라"(신 31:8).

12장
혼수상태 환자도 들을 수 있다

"사람으로는 할 수 없으나 하나님으로서는 다 하실 수 있느니라"(마 19:26).

소아 병동에서 급하게 원목을 찾는다고 원목사무실로 연락이 왔다. 내가 마침 담당 원목이었기 때문에 병동에 도착했을 때 간호사가 나에게 상황을 설명해 주었다.

고등학생인 에릭이 공원 운동장에서 친구들과 함께 농구 경기를 하던 중 특별한 이유 없이 갑자기 쓰러졌는데 정신을 차리지 못했다. 에릭은 응급차에 실려 와서 병원에 입원했다. 의사가 몇 분 전에 검진을 마치고 갔으며, 환자는 아직 호전되지 않고 좀 더 지켜봐야 하는 상태였다. 에릭의 부모가 심적으로 고통과 절망에 있으므로 영적 도움이 필요해서 원목을 찾았다.

내가 에릭이 있는 소아 중환자실에(PICU) 갔을 때 부모는 아무런 말 없이 의자에 앉아 눈물을 닦고 있었다. 에릭은 혼수상태에 있었으며 코에 튜브가 끼워져 있었고 숨을 편하게 쉬도록 도와주는 기계에 의존하고 있었다. 나는 환자 정보란에 기재된 종교를 다시 한번 점검하고 기독교 신자인 것을 확인했다.

"저는 병원 원목 박 목사입니다. 제가 옆에서 도와드리려고 왔습니다."

에릭의 어머니는 고맙다는 표정으로 고개를 끄덕였다.

"잠깐 회의실에서 말씀을 나눌까요?"

나는 환자의 어머니에게 말했다. 에릭의 부모는 계속 눈물을 닦으면서 천천히 일어났다. 나는 환자가 없는 장소에서 가족들을 위로하고 싶었고, 또 병원의 간호사들이 가까이에서 환자를 보살피고 있을 때 부모가 잠시라도 환자 옆을 떠나 심신의 안정을 취하는 것이 필요하다고 생각했다.

병동마다 크거나 또는 작은 회의실이 있다. 우리는 긴 타원형 책상과 여덟 개 걸상이 있는 방에 들어갔다. 에릭의 어머니 옆에 내가 앉았다. "에릭이 병원에 있으니 얼마나 마음이 무거우시겠습니까?" 나는 그녀의 어깨를 쓰다듬었다.

그녀는 고개를 끄덕이며 말했다.

"우리 애는 감기도 잘 안 걸리는 건강 체질이었는데, 어떻게 운동하는 도중에 갑자기 이런 일이 생겼는지 알 수 없어요."

그녀가 말끝을 흐리고 눈물을 흘리면서 책상 위에 있는 티슈통의 종이 몇 장을 꺼내어 눈물을 닦았다. 잠시 침묵이 흘렀다. 나는 말없이 그녀의 등을 살짝 어루만졌다.

그녀는 깊은 한숨을 쉰 후 입을 열었다.

"우리 아이는 항상 움직이길 좋아해서 농구, 테니스 같은 운동을 잘해요. 학교에서는 야구 선수로 활약하고 있고요. 그 애는 사랑을 듬뿍 받고 자라면서도 책임감이 강하고 다른 사람을 잘 도와주는 친절한 아이예요. 할아버지와 할머니, 모든 친척들이 매우 예뻐한답니다. 지금 모두 우리 아이가 빨리 낫기를 기도하고 있어요."

아들이 빨리 회복되기를 간구하는 어머니의 마음을 헤아릴 수 있었다.

"네. 의사선생님과 간호사님께서 최선을 다해 치료하고 있으니까 좋은 결과가 나오도록 지켜보지요."

"많은 분들이 기도해 주신다고 말씀하셨어요. 목사님, 우리애가 하루속히 건강이 회복되도록 기도해 주세요."

"그럼요. 우리 다시 에릭이 있는 방으로 갈까요? 에릭이 우리의 기도를 들으면 더욱 기운을 낼 것 같습니다."

나는 에릭이 우리기도를 듣고 힘과 용기를 얻도록 도와주고 싶었다. 혼수상태에 있는 환자도 옆에서 하는 말을 들을 수 있다. 전문가에 의하면, 깨어나지 못한 환자에게 사랑한다는 말을 많이 해주는 것이 좋다고 말한다.

내가 에릭의 부모를 인도하여 다 함께 그의 방으로 왔을 때 담당 간호사가 에릭에게 부착된 기계들을 점검하고 있었다. 중환자실이기 때문에 방의 문이 유리로 되어 있어서 환히 들여다 보였다. 우리는 간호사가 에릭을 위해 하던 일을 완전히 마치고 유리문을 열 때까지 문 밖에서 기다렸다.

우리가 기도하러 왔다는 말을 했더니, 간호사도 자리를

떠나지 않고 함께 기도하겠다고 말했다. 나는 하나님께 에릭의 빠른 회복을 간절히 간구하는 기도와, 환자를 보살피는 모든 의료진에게 지혜와 건강을 주어 환자를 잘 돌보고, 특히 염려하는 환자의 부모와 기도해 주는 모든 이들을 위하여 기도했다. 나는 매일 환자를 위해 방문하며 기도했다.

사고 당시 빨리 응급실에 왔었고, 또 아이들은 회복이 빠르기 때문인지, 에릭은 다행히 두 주 후부터 점점 차도를 보이기 시작했다. 우리는 모두 하나님께 감사기도를 드렸다.

"여호와께서…상심한 자들을 고치시며 그들의 상처를 싸매시는도다"(시 147:2-3).

13장
좋은 소식의 새와 나비

"온 땅이여 여호와께 즐거운 찬송을 부를지어다 기쁨으로 여호와를 섬기며 노래하면서 그의 앞에 나아갈지어다"(시 100:1-2).

병원 물리치료사의 요청으로 만난 요셉은 알래스카에서 뉴욕으로 혼자 휴가 여행을 왔다. 여행 도중에 그는 갑자기 이름모를 염증이 생겨 항생제를 복용했지만 빨리 치유되지 않는 상태였다. 그의 방 앞에는 '요 주의'(Precaution) 초록색 사인이 걸려 있었다. 그런 사인이 있는 환자의 병실을 방문할 때는 푸른색 일회용 플라스틱 가운을 입고 방문 옆에 준비된 고무장갑을 끼고 들어가야 한다. 그 이유는 환자와 방문하는 사람 모두를 위해서다. 다른 환자에게 균을 옮길 수 있기 때문에 반드시 일회용 가운을 입었다가 그 방을 나오기 바로 전에 벗어서 환자 방에 있는 쓰레기통에 버리고 나와야 한다. 복도에서 가운을 벗는 것을 금지하고 있다.

요셉은 벌써 한 달 이상 입원한 상태라서 지칠 대로 지쳐 있었고 회복 가능성에 대한 의심과 절망으로 날이 갈수록 침울한 모습이 되었다. 두 번의 이혼 후, 요셉은 독신이었다. 그는 가족과 친구들에게서 멀리 떨어져 고립되어 있었을 뿐만 아니라 또한 독방 병실에 있었다. 원목의 '매일 방문'을 요구했던 외로운 요셉에게 나는 진심으로 경청하면서 대화를 나누었다.

어느 날 아침, 요셉이 환한 미소로 나를 맞이하였다.

"요셉 씨, 오늘 기분이 좋아 보이네요! 무슨 좋은 소식이 있나요?"

내가 인사를 하면서 말을 건넸을 때 그는 몹시 흥분한 얼굴로 가까이 오라고 손짓을 했다. 그의 침대는 유리 창문 옆에 있었으며 병실 치고는 경치가 꽤 좋은 편이었다.

"오늘 아침 일찍, 어떤 예쁜 새 한 마리가 유리창을 주둥이로 마구 두드리는 거예요. 그 소리에 제가 잠이 깼습니다. 나에게 무어라고 얘기하는 것 같았어요. 한참 동안 두드리더니 날아갔는데 정말 오랫동안 두드렸거든요. 제가 여기 몇 주 있는 사이에 새를 오늘 처음 봤습니다. 좋은 일이 있을 거라고 소식을 주는 것 같았습니다. 그런 다음부터 나의 온몸이 훨씬 가벼워지면서 기분이 상쾌해지네요."

"네. 제가 태어난 나라에도 사람들이 까치라는 새가 기쁜 소식을 가져다준다고 믿고 있답니다. 요셉 씨가 기분이 좋아지신 걸 보니 저도 무척 기쁩니다. 빨리 회복되시기를 진심으로 바랍니다."

우리는 모두 기분이 들떠서 대화의 꽃을 피웠다.

요셉은 알래스카의 아름다운 경치를 열심히 홍보했다. 나도 알래스카를 여행한 적이 있어서 그와 함께 대화를 즐겁게 나누었다. 이렇게 스스럼없이 경청하는 대화를 통해 환자가 심적으로 기분이 좋아지면서 체내 작용이 활발해짐으로 육체적 건강 회복에 도움을 줄 수 있다. 특히 가족이 가까이 없는 환자의 경우엔 자신의 이야기를 들어주고 함께

해 줄 사람이 필요하다.

> "하나님이 이르시되… 땅 위 하늘의 궁창에는 새가 날으라 하시고… 날개 있는 모든 새를 그 종류대로 창조하시니 하나님이 보시기에 좋았더라"(창 1:20-21).

창문을 두드리는 새가 좋은 소식을 가져다줄 거라고 믿는 요셉을 보면서 전에 만났던 사라가 떠올랐다. 인생 경험이 많은 칠십 대 초반의 그녀가 화가는 아니었지만 그림을 잘 그렸다. 사라는 내가 방문할 때마다 그림을 그리고 있었다. 그녀는 그림을 그리는 시간이 가장 즐겁다고 말했는데 거의 모든 그림이 나비 그림이었다.

왜 나비만 그리느냐는 나의 질문에 사라는 이렇게 대답했다

"옛날에 내가 어렸을 때 어머니께서 말씀하셨어요. 외할머니가 편찮으셔서 병원에 오랫동안 입원했었는데, 어느 날 외할머니를 병원에서 방문하고 자동차 있는 곳까지 걸어가는데 예쁜 나비 한 마리가 어머니 옆에서 빙빙 돌더니

어깨에 살짝 앉았다 가더래요. 그다음 날, 외할머니가 퇴원하셨답니다. 그런 다음부터 어머니는 나비가 좋은 소식을 전해주는 신비한 하나님의 작품이라고 생각하셨어요. 저도 그 말씀을 들은 다음엔 그렇게 믿었지요."

 나는 병원 원목으로서, 새 혹은 나비가 건강 회복에 좋은 소식을 전해주는 신비한 생물로 생각하는 사람에게 그렇게 믿지 말라고 말하지 않는다. 그리고 새와 나비가 좋은 소식을 준다고 믿는 사람을 이상하다고 생각하면 더욱 안 되며 그대로 인정해 주는 것이 원목의 도량이다.

13장 좋은 소식의 새와 나비

14장
불안한 환자의 가족

"너희 염려를 다 주께 맡기라 이는 그가 너희를 돌보심이 라"(벧전 5:7).

내과 병동에 들어서는데 어디선가 그 병동 전체가 떠나 갈듯한 아우성 소리가 들렸다. 가까이 가보니, 환자의 방문 앞에서 어느 아리따운 젊은 여성이 큰 소리를 지르고 있었다. 무지개 원색의 채색 스카프로 머리를 터번 모양으로 둘러 감싸고 훤칠한 키에 옷을 멋지게 차려입은 여성이 계속 발을 동동 구르며 "왜 의사가 빨리 오지 않느냐" 하면서 아랑곳하지 않았다.

복도에 서서 어쩔 줄 몰라 하던 간호사가 나를 보고 잘 왔다면서 말했다.

"원목 목사님, 저분은 환자의 딸인데 어머니의 병 증세가 갑자기 악화되었다고 생각하면서 스트레스를 받아서 의사가 빨리 안 온다고 화를 내고 있습니다. 방금 전에 의사보조사도 다녀갔고, 간호사가 환자를 위해 할 수 있는 최선의 방법으로 보살피고 있는데도 불구하고 계속 의사를 찾으십니다. 저분을 좀 진정시켜 주시면 고맙겠습니다."

나는 곧장 그 젊은 여성에게 가서 병원 원목이라고 인사하면서 도와주겠다고 말했다. 그녀는 고맙다고 말한 후 내 손을 잡으면서 나를 끌고 환자의 침대로 안내했다. 나는 그녀를 따라가면서, "저는 박 목사인데, 따님의 성함은 어떻게 되시죠?"라고 질문했다.

"저는 주디입니다."

그녀는 환자를 내가 볼 수 있도록 커튼을 한쪽으로 밀면서 대답했다. 환자는 몸이 아픈지 찡그린 얼굴로 눈을 감고 누워있었다. 환자의 팔에는 링거 주사 바늘이 꽂혀 있었으며 고통스러운지 편안하지 않은 것 같았다. 주디는 의사를 기다리고 있는데 빨리 오지 않는다고 계속 불평했다.

나는 주디가 말하는 동안 물어보거나 방해하지 않고 계속 고개를 끄덕이며 그녀의 입장에 입각하여 진심을 다하여 성의껏 듣고 있었다. 한참 동안 말하던 주디의 목소리가 점점 정상으로 되었고 그녀는 하고 싶은 말을 다 했기 때문인지 어느 정도 마음이 가라앉은 것 같았다. 내 손을 꼭 잡고 주디는 계속 말했으며 나는 그녀를 마주 보고 서서 얼굴 표정으로 긍정의 표시를 하면서 들었다. 마침내 그녀가 내 손을 놓을 때까지 나는 가만히 있었다. 심적으로 불안한 상태에 있는 사람에게는 잠시라도 말없이 들어주는 경청이 필요하다.

"주디 씨, 많이 힘드시겠습니다."

나는 그녀의 등을 살며시 쓰다듬으며 위로했다. 그녀는 고개를 끄덕이며 감정이 복받쳤는지 흐르는 눈물을 손으로 닦았다. 나는 그녀가 걱정으로 불안했던 마음이 조금 진정되고 있는 것을 감지했다.

"조금 전에 의사보조사가 다녀 가셨다고 들었습니다. 지금 담당 의사께서는 약간 시간이 지체된다고 하니까 조금

만 더 기다려 봅시다. 주디 씨가 눈물을 흘리시는데 무슨 의미인지 말씀해 주시겠어요?"

"너무 속상해서 눈물이 납니다. 어머니의 상태가 점점 더 나빠지는 것 같아서요."

"네. 환자의 상태가 빨리 회복이 안 되면 가족들의 마음이 불안해지는 것은 당연합니다. 그래서 주디 씨가 의사의 말씀을 들어보고 싶으신 걸로 생각됩니다. 간호사가 조금 전에 주디 씨의 어머니를 살펴보셨으니 지금은 안심하셔도 될 것 같아요. 제가 병원에서 보니, 간호사님들의 실력이 매우 좋더라고요. 믿어보시는 것도 괜찮을 것 같습니다. 어떤 때는 차도가 없는 것같이 보여도 갑자기 호전되는 경우도 많이 있더라고요. 담당의사께서 오신다고 하니, 좀 더 두고 보시지요."

내가 주디와 눈이 마주쳤을 때 그녀는 고개를 끄덕였다. 잠깐 침묵이 흐른 후 그녀가 말을 꺼냈다.

"저는 어머니와 함께 노르웨이에서 7년 전에 미국으로 왔어요. 사실은, 저희가 여기 와서 자리를 잡기 위해 열심히 일을 하다 보니 고향에 한 번도 가질 못했어요. 지금 거기에 계신 할머니가 많이 편찮으세요. 그래서 그동안 따로 저축해서 한 달 전에 왕복 비행기표를 두 장 샀어요. 이제 마지막이 될지 모르는 할머니를 뵈러 두 주 후에 고향에 갈 예정인데, 갑자기 어머니가 병원에 입원하게 되었고 빨리 회복이 안 되니 마음이 너무 불안하고 조급해져요. 아까는 소란을 피워서 죄송합니다."

주디는 안타까움을 표현했다.

"아닙니다. 누구나 마음이 초조해지면 그럴 수 있습니다. 얼마나 속상하시겠습니까? 이제 의사로부터 좋은 소식 들으시고 예정대로 여행하실 수 있길 바랍니다."

주디는 고맙다는 의미로 나에게 미소를 지었다. 조금 마음이 편안해졌는지 그녀가 자신의 고향에 대한 애틋한 향수를 표현하면서 아름다운 스캔디나비아 고장의 경치를 자랑하기도 했다. 내가 여행했던 스캔디나비아의 멋진 도시도 말하면서 우리는 공통점을 찾아 마음이 통했다. 어느 정도 그녀가 안정을 찾은 것처럼 느껴졌다. 그때, 원목사무실에서 나를 찾는 비퍼가 울렸다.

내가 다시 방문하겠다고 말하면서 떠나려고 할 때 주디

는, "목사님, 가시기 전에 저의 어머니를 위해 기도해 주세요"라고 말했다.

"네. 그럼요."

나는 하나님의 은혜와 축복으로 환자가 하루속히 회복되어 계획했던 여행을 잘 하고 손녀가 그리워하는 할머니를 빨리 만날 수 있도록 도와달라고 진심으로 기도했다.

원목은 환자에게 기도가 얼마나 중요한지 알지만, 환자나 환자 가족에게 무조건 '기도합시다'라고 말하지 않는다. 그것은 기도를 원하지 않는 환자에게 심적 스트레스를 줄 수 있기 때문이다. 나는 내 명함 한 장을 주디에게 건네주면서 도움이 필요한 경우 아무때나 전화하라고 말하고 헤어졌다.

"믿음의 기도는 병든 자를 구원하리니 주께서 그를 일으키시리라"(약 5:15).

우리에게 심한 불안감이나 스트레스가 밀려올 때 어떻게 하면 좋을까?

첫째, 우선 심호흡을 한다. 편안한 자세로 의자에 앉아서 눈을 감은 후, 배꼽 근처에 두 손을 얹고 복식호흡을 한다. 배를 내밀며 들숨을 천천히 3-5초가량 숨을 코로 들이마신다. 다시, 배를 안으로 넣으면서 천천히 3-5초 정도 날숨을 입으로 내쉰다. 그렇게 계속적으로 스무 번 정도 반복한다.

둘째, 동네를 한 바퀴 돌면서 걷는다. 나무가 있는 공기 맑은 곳이나, 인조 연못 같은 곳, 물이 흐르는 소리가 들리는 곳은 더욱 좋다. 주위 환경이 마음을 가라앉게 해줄 수 있다.

셋째, 무엇이 자신의 마음을 불안하게 만들었는지 종이에 쓰면서 본인의 기분 상태를 표현해 본다. 그 문제가 얼마나 자신에게 영향을 주는지 적는다. 글을 쓰는 동안 마음의 안정을 가질 수 있다.

14장 불안한 환자의 가족

15장
아마추어 축구팀

"내 생각이 너희의 생각과 다르며 내 길은 너희의 길과 다름이니라 여호와의 말씀이니라 이는 하늘이 땅보다 높음 같이 내 길은 너희의 길보다 높으며 내 생각은 너희의 생각보다 높음이니라"(사 55:8-9).

매달 한 번씩 있는 병원행사인 '신입직원을 위한 오리엔테이션'에서, 나는 원목과 병원이 어떤 관계에 있으며, 목회 상담을 통하여 어떻게 환자의 심적·영적 치유를 도와주는지, 그것이 얼마나 육체적 치유에 도움이 되는지, 또한 환자를 위해 어떻게 원목에게 상담 요청을 연결해 줄 수 있는지에 대하여 직원들이 알아야 할 사항들을 설명했다. 나는 오리엔테이션을 마친 후 곧장 원목을 찾는 환자에게 발걸음을 재촉했다.

"디모데 씨입니까? 저는 박 목사입니다. 디모데 씨가 원목을 찾으셨다고 연락 받았습니다. 지금 기분이 어떠세요?"

병원 침대에 앉아서 책을 읽고 있던 디모데에게 내 명함 한 장을 주면서 말했다. 나는 될 수 있는 대로 환자가 나에게 친근감을 느껴서 열린 마음으로 대화할 수 있도록 노력했다.

"빨리 와 주셔서 감사합니다. 저에게 한 가지 고민거리가 있어서 상의하고 싶었습니다."

그는 나를 반갑게 맞이하면서 읽고 있던 자신의 책갈피에서 종이 한 장을 꺼냈다. 나를 한 번 쳐다보면서 잠깐 머뭇거렸다.

"목사님, 저는 원래 기독교인이었는데 현재 교회에는 다니지 않고 있습니다."

"아, 그러세요. 괜찮습니다. 저는 병원 원목으로서 교회를 다니든 안 다니든 모두 똑같이 존중합니다."

나는 환하게 웃으며 대답했다.

"그러시군요. 제가 장례 순서를 준비해서 종이에 썼는데 한 번 봐주실래요?"

"장례 순서요?! 누구 장례인데요?"

나는 무슨 뜻인지 잘 이해할 수 없어서 그에게 물었다.

"제 거요." 그는 덤덤한 표정으로 말했다.

"디모데 씨 것이라고요?"

"네. 죽기 전 살아 있을 때 목사도 아닌 교인이 이렇게 자신의 장례 프로그램을 만들어도 되는지 물어보고 싶어서 원목을 부른 겁니다." 디모데는 자초지종을 얘기했다.

디모데는 온 집안이 대대로 신실하게 믿는 기독교 신사였다. 아직 독신인 그는 대형 IT회사에서 전무이사로 간부직에 있는 엘리트였다. 디모데는 축구를 너무 좋아해서 친구들과 아마추어 축구팀을 만들어 매 주말마다 축구 시합을 하며 즐겼다. 얼마 전, 축구 경기를 하는 도중 어느 선수의 발에 걸려 넘어지면서 심하게 발목을 다쳤고 무릎과 가슴이 땅바닥에 부딪쳐 많이 아팠다. 다행히도 X-Ray 결과, 뼈는 부러지거나 금이 가지 않았지만 삔 발목이 정상으로 빨리 회복되지 않았다.

몇 달이 지났는데도 이상하게 가슴이 조이면서 가끔씩 아팠다. 공원 축구장에서 넘어졌을 때 심하게 부딪쳐서 아픈가보다라고만 생각했다. 담당의사의 권유로 종합 병원에서 CT촬영 등 여러 가지 정밀검사를 받았다. 난데없이 암이라는 진단이 나왔다. 그리고 다른 장기에 전이가 되었다는 보고서였다. '몸이 많이 아프지도 않았는데 암 말기라는 것이 웬 말인가!' 처음엔 어처구니가 없어서 머리를 한 대 맞은 것 같았다. 의사는 디모데에게 마지막 준비를 하는게 좋을 것 같다고 권유했다. 디모데는 이제 그냥 받아들이기로 마음을 다졌다.

"목사님, 이렇게 제 자신을 위해 장례 순서지를 만들어도 사용할 수 있나요?"

디모데는 자신이 쓴 종이를 나에게 건네주면서 질문했다.

나는 그것을 훑어본 후에 계속하여 그에게 말했다.

"디모데 씨, 제 생각에는 아이디어가 좋다고 생각합니다. 디모데 씨도 아시는지 모르겠지만, 얼마 전에 어떤 분이 살아생전에 자신에 대해 다른 사람들이 어떻게 생각하는지 알고 싶다면서 본인이 장례 프로그램을 만들어서 '미리 보는 장례식'에 친구들과 친지들을 초대했다는 얘기를 들었습니다. 제 생각엔 그분의 아이디어가 참으로 훌륭하다고 봅니다."

"그래요? 그런 일이 있었군요. 처음 들었습니다. 저는 기존의 순서지와 좀 다르게 하고 싶어서 제가 만들어 봤습니다."

디모데는 의미있는 미소를 지으며 나를 쳐다보았다.

나는, "매우 멋집니다. 아무도 뭐라고 나무라지 않을 것이라고 믿습니다"라고 말한 후, 아무 말도 못하고 입을 꼭 다물며 긍정의 표시로 고개를 아래 위로 끄덕였다. 젊디젊은 그가 이렇게까지 준비하는 동인 얼마나 많은 시간을 가슴 아파했을까 생각하니 내 마음이 저렸다. 나는 눈앞을 가리는 내 눈물을 미소짓는 디모데에게 보이지 않으려고 안간힘을 다했다. 누구나 한 번 왔다가 가는 마지막 인생의 죽음 앞에서는 숙연해지기 마련이다.

내가 다시 방문하겠다고 약속한 며칠 후, 디모데의 방에는 '요 주의' 초록색 문자가 붙어 있었다. 나는 일회용 가운을 입고 그를 만났다. 그는 나를 반갑게 맞이하며 자신의 계획을 말했다. 디모데는 순조로운 호흡을 위해 산소통을 집에 설치하기로 했다. 그는 간호사와 의사가 집으로 방문하는 '홈 호스피스'를 선택하여 곧 병원에서 퇴원할 거라면서 치료 방법이 자신에게 잘 맞기를 바란다고 말했다. 나는 그를 위해 하나님의 말씀으로 축복의 기도를 해 주었다.

"하나님은 우리의 피난처시요 힘이시니 환난 중에 만날 큰 도움이시라"(시 46:1).

16장
장기 기증

"하나님이 세상을 이처럼 사랑하사 독생자를 주셨으니 이는 그를 믿는 자마다 멸망하지 않고 영생을 얻게 하려 하심이라"(요 3:16).

외과 중환자실(SICU) 병동에서 급히 원목을 찾았다. 내가 도착하니 테레사의 가족들이 모여 있었다. 테레사는 젊은 여성 환자인데 혼수상태였고 모든 것을 기계에 의존하고 있었다. 테레사의 침대 옆 벽에는 그녀와 가족들이 바베큐 하면서 활짝 웃는 모습과 그녀가 헬스장에서 줌바댄스를 가르치는 모습 등의 사진 몇 장이 붙어 있었다. 사진에서 본 테레사는 명랑하고 발랄한 여성으로 보였다.

테레사는 며칠 전까지도 직장 일이 끝난 후, 매일 헬스장에 가서 운동하며 체력을 단련하고 건강을 유지했었는데 길거리에서 걷다가 갑자기 정신을 잃고 쓰러지면서 아스팔트 바닥에 부딪혔다. 그녀는 구급차로 병원에 급히 이송되어 왔지만 혼수상태에서 깨어나지 못하고 있었다. 그녀의 많은 친구들과 직장동료들이 병문안을 하면서 이구동성으로 믿을 수 없는 상황이라고 말했다.

모든 검사에 의하면, 테레사가 현기증으로 쓰러지면서 다친 후 뇌 기능이 정지된 상태라고 의사는 말했다. 가족들은 차마 인정하고 싶지 않았지만 의학적 검사 결과를 믿고 더 이상 그녀가 깨어나리라는 헛된 희망을 버리기로 결정했다. 그래서 원목과 상의하고 싶어했다.

내가 가족들을 만났을 때 그들이 여러 가지 질문을 했었는데, 그 중 하나는 천주교 교인도 장기 기증을 할 수 있느냐는 것이었다. 항상 타인에게 친절하고 남을 도와주려는 심성이 착한 테레사는 장기기증의 필요성을 평상시에 가족들에게 말했었다고 했다.

"저는 천주교에서도 장기기증을 허락하는 것으로 알고 있지만, 제가 말씀드리는 것보다 가족분들께서 천주교의 신부님으로부터 직접 듣는 것이 좋겠다고 생각합니다"라고 말하면서, 나는 신부님과 가족들이 회의실에서 함께 만날 수 있도록 주선했다.

신부님으로부터 천주교에서도 장기기증을 허용한다는 말씀을 들은 테레사의 가족들은 조금 위로가 된 것같이 보였다. 우리는 모두 신부님의 인도로 테레사 앞에서 눈물로 범벅이 되는 영별의식예배와 기도를 드렸다. 그런 후 가족들은 장기기증센터에서 온 관계자와 만났고 필요한 서류를 작성했다.

자식을 잃는 슬픔도 견디어내기 힘든데 장기기증까지 생각을 하는 그녀 부모의 마음이 참으로 훌륭하다고 느껴졌다. 부모에게는 하나밖에 없는 건강했던 자식을 잃는 가슴 아픈 일이지만 그녀를 통해 많은 다른 사람들을 살린다는 것이 얼마나 아름답고 고마운 일인가!

"심령이 가난한 자는 복이 있나니 천국이 그들의 것임이요 애통하는 자는 복이 있나니 그들이 위로를 받을 것임이요"

(마 5:3-4).

장기기증센터 관계자에 의하면, 어떤 경우에는 장기기증 결정이 지체되었을 때 장기기증하려던 환자의 상태가 갑자기 나빠져서 안타깝게도 기증을 하고 싶어도 하지 못하는 경우가 있었다면서 이번에는 테레사의 가족들이 환자의 장기기증을 빨리 결정해 주어서 감사하다고 표현했다.

사실, 내가 아는 어느 환자는 예상하지 못했던 사고로 말미암아 병원에 입원했지만 뇌사 진단을 받았다. 가족들이 상의한 후 장기기증 서류에 사인하려고 장기기증센터 관계자와 가족들이 모두 모였으나 바로 그 순간 환자의 상태가 갑자기 급속도로 나빠져서 결국 기증할 수 없었다.

그것은 기증받으려고 했던 환자나 기증하려고 했던 가족들 모두에게 이중으로 가슴 아픈 일이었다.

17장
희망 사항

"여호와는 네게 복을 주시고 너를 지키시기를 원하며 여호와는 그의 얼굴을 네게 비추사 은혜 베푸시기를 원하며 여호와는 그 얼굴을 네게로 향하여 드사 평강 주시기를 원하노라"(민 6:24-26).

어떤 환자가 나를 찾는다는 전갈을 받고 환자의 방으로 찾아갔다. 이름만으로는 환자가 누구였는지 잘 생각이 나지 않았지만 만나보니 기억이 났다. 1년 전쯤, 물을 많이 마시는 게 좋다는 의학 뉴스에 접했던 이 환자는 하루에 물을 너무 많이 마셔서 구급차에 실려 병원에 왔었다. 그때 내가 원목으로서 상담을 도와주었던 환자였다. 그녀는 내 명함을 간직하고 있었다가 나를 찾았다.

나는 레베카가 아파서 병원에 다시 오게 된 것은 좋은 일이 아니지만 그녀를 만나게 되어 좋았다. 레베카는 병원 침대에 반듯하게 누워 있다가 나를 보더니 벌떡 일어나 앉았다. 그녀는 미소와 함께 손을 내밀며 악수를 청했다.

"안녕하세요? 레베카 씨. 오랜만이네요. 그동안 잘 지내셨나요?"

나는 그녀의 손을 잡은 채 반갑게 맞이했다.

"박 목사님, 뵙고 싶었어요. 저는 그런대로 잘 있었습니다."

그녀는 활짝 웃으며 말했다.

"저도 다시 뵙게 되어 매우 반가운데요. 병원이 아닌 다른 곳에서 뵈었으면 더 좋았을텐데… 이번엔 어떻게 오시게 된 거예요?"

"폐에 이상이 생긴 것 같다고 의사선생님이 병원에 가서 정밀검사 받으라고 해서 왔습니다."

레베카는 수심이 가득한 얼굴로 말했다.

"어머나! 걱정이 많으실 텐데, 좋은 검사 결과가 나오길 바랍니다."

불현듯 나는 그녀가 전에 합창단에서 노래했던 기억을 되살리며 말했다.

"그때, 레베카께서 시간 있을 때 저희 병원 수요예배에 오셔서 복음성가를 부르기로 하셨던 걸로 기억하는데요. 퇴원하신 후에 한 번도 만나뵙지 못했네요."

그녀는 긍정의 표시로 고개를 끄덕이며 말했다.

"네. 맞아요. 그런데 요즈음 제가 기침을 많이 해서 목소리도 잃었고 숨이 차서 노래를 하고 싶어도 할 수가 없네요. 지금은 다시 합창단에서 노래를 부르는 게 저의 희망사항입니다."

"정말 미안하게 됐네요. 다시 꼭 합창단에서 노래 부르시길 바랍니다."

고통받는 상황에서 우리는 모든 것을 주관하시는 하나님을 바라볼 때 위로를 받고 희망이 생긴다. 희망은 우리 삶의 중요한 요소이다. 희망을 가짐으로써 우리는 격려와 용기를 얻으며 무엇이든지 할 수 있다는 힘이 생긴다. 우리에게 희망은 인생의 목적과 의미를 부여해 준다.

레베카를 만나고 이틀 후에 그녀를 방문했을 때, 그녀의 표정이 우울해보였다. 검사 결과가 나쁘게 나왔다. 폐암 초기라는 진단이었다. 레베카는 자신이 십 대와 이십 대 초에 친구들과 함께 담배를 많이 피웠기 때문이라면서 이렇게 된 것은 자업자득이라고 자책했다. 그래도 우연히 교회 찬양대에서 봉사를 하면서 하나님 은혜로 담배를 끊게 되었는데 너무 잘한 일이라고 레베카는 덧붙였다.

"너무 자책하지 마세요. 제 남편의 친구는 담배를 한 번도 피우지 않았는데 폐암에 걸렸었어요. 세상엔 참으로 이해가 안 되는 이상한 일이 일어나더라고요."

"의사 선생님 말씀은 다행히도 폐암 초기이기 때문에 수술과 방사선 치료로 완치 가능성 확률이 높다니까 긍정적으로 생각해 볼래요"라면서 레베카는 자신을 스스로 위로했다.

"초기에 발견해서 정말 불행 중 다행입니다."

내가 그녀의 말에 확신을 주었을 때 레베카는 좀 더 안도감을 갖는 것 같았다.

나는 레베카가 치료받고 퇴원할 때까지 매일 방문하며 위로해 주었다. 그녀는 혼자 사는 독신이었고 그녀의 노모는 멀리 거주했기 때문에 레베카에게 올 수 없어서 많이 외로워했다. 레베카는 어머니를 방문하여 당분간 그곳에서 함께 지낼 거라고 나에게 계획을 말했다.

"시험을 참는 자는 복이 있나니 이는 시련을 견디어 낸 자가 주께서 자기를 사랑하는 자들에게 약속하신 생명의 면류관을 얻을 것이기 때문이라"(약 1:12).

18장
죄책감

"할 수 있거든이 무슨 말이냐 믿는 자에게는 능히 하지 못할 일이 없느니라"(막 9:23).

매주 수요일 낮 정오에 병원 예배실에서, 네 명의 병원 원목이 차례로 스케줄을 번갈아가며 예배를 인도했다. 그날은 내가 설교하며 예배를 인도하는 날이었다. 생방송 수요예배는 환자들이 병실에서 같은 시간에 직접 병원 텔레비전을 통하여 예배에 참석할 수 있었다.

나는 예배를 마친 후 간호사의 부탁으로 환자를 만났다. 바바라는 침대 머리쪽을 높게 세워놓은 채 비스듬히 앉아서 조그만 책을 읽고 있었다. 어깨 밑으로 예쁘게 치렁치렁한 짙은 갈색 머리의 그녀는 침울한 표정이었다.

"병원엔 어떻게 오신 거예요?"

나는 그녀의 건강 상태에 대하여 간호사를 통해 대강 알고 있었지만 환자로부터 직접 듣고 싶었다. 환자가 자신의 병에 대해 얘기를 하면서 마음속에 쌓여있는 사정 이야기를 털어 놓을 수도 있기 때문이었다.

"저는 비슷한 증세로 아퍼서 병원에 이따금씩 입원합니다."

바바라는 마치 숨겨진 마음속 이야기를 꺼내 놓을 준비가 되어 있는 듯했다. 그녀는 한이 맺힌 듯한 눈으로 나와 마주치며 말하기 시작했다.

"몇 년 전에 나와 가장 친한 친구가 세상을 떠났어요. 그 친구 생각만 하면 눈물이 나고 후회가 사무쳐요."

"친한 친구를 잃어서 마음이 몹시 아프시군요. 무슨 일로 후회하는지 저에게 말씀해 주실 수 있나요?"

바바라는 주저없이 말했다.

"제가 잘못 제안해서 그렇게 된 것 같아 너무 후회가 되네요."

"어떤 제안이었는데 그렇게 가슴 아파하시는지요?"

나는 조심스럽게 부드러운 목소리로 그녀에게 물었다.

그녀는 내 물음에 아랑곳없이 친구를 회상하며 옛날 얘기를 시작했다.

"제 친구는 어느 누구보다 저와 가까웠고 마음이 통했어요."

친구 얘기를 하려니 흥분감이 몰려오는지 그녀는 숨이 차서 한동안 긴 호흡을 두세 번 한 후 계속했다. 그들은 유치원부터 친구였다. 바바라는 남미에서 이민 온 부모를 따라 미국에 온 지 몇 달이 안 되어 영어를 잘 몰랐다. 그녀의 친구는 미국에서 태어났지만 집에서 스페인어를 사용했기 때문에 이중언어를 유창하게 구사했다.

"친구는 저를 많이 도와주었고 또 저에게 큰 힘이 되었어요. 제 친구는 성격이 외향적이었고 매우 활발했지요. 유치원 다닐 때 교실에서 우리는 서로 짝이 되어 선생님 지시에 따라 학교에서 야외 행사나 박물관 관람 나갈 때는 손잡고 있는 시간이 많았어요. 서로 가까운 곳에 살다 보니 언제나 같은 학교를 통학했고, 고등학교 때는 거의 매 주말마다 물건은 사지 않고 쇼핑몰 눈요기 방문으로 즐기곤 했답니다."

바바라는 옛날 얘기에 몰두하면서 매우 행복한 듯 혼자 미소를 지었다.

"말씀을 들으니 행복하고 재미있는 청소년 시절을 보내신 것 같습니다. 아주 좋으네요. 바바라 씨 말씀대로 우리의 성장 과정에서 가족관계, 친구 관계는 정말 중요한 것 같아요. 많은 영향을 받지요."

대학부터 그들은 각각 다른 학교를 다녔다. 그녀는 집에서 가까운 대학에 다녔고, 친구는 이름있는 좋은 대학을 졸업했다. 졸업 후, 그녀의 친구는 유명한 회사의 부사장으로 임명되어 잘 살고 있었다. 바바라는 조리있게 말하면서 숨이 찬지 몇 번씩 쉬었다가 이야기를 계속했다.

나는 바바라에게서 친구에 대한 사랑을 읽을 수 있었다. 그녀는 결혼하여 네 아이를 키우느라 바빴고 친구는 사람들로부터 인기 많은 독신으로 멋있는 인생을 보냈다. 바바라와 친구는 멀리 떨어져 있어도 일 주일에 적어도 한 번 정도 연락하며 지냈다.

"몇 년 전 어느 날, 친구는 휴가를 가려고 하는데 같이 가자고 제안했어요. 저도 남편이 동의해 주었고 아이들이 자기네끼리 운전해서 돌아다닐 수 있는 나이가 되었으므로 친구와 둘이 여행하면서 나만의 시간을 갖는 것도 좋겠다 싶어서 함께 여행하기로 계획했지요."

바바라는 뉴욕에서 출발하는 비행기를 함께 이용하자고 제안했기 때문에 타주에 사는 친구가 바바라의 집까지 차를 이용하여 오기로 했었다. 친구가 그녀의 집에 오기로 한 날, 떠나기 전에 통화를 한 후 바바라도 여행 준비를 하기 위해 하루 종일 바빴다. 친구가 오후에 도착할 예정이었는데 저녁 때가 되어도 친구에게서 소식이 없었다.

"저는 퇴근하는 자동차가 많아서 하이웨이 길이 막히나 보다고 생각했죠."

바바라가 갑자기 흐느끼며 울기 시작했다. 나는 아무 말 없이 그녀의 어깨에 손을 얹고 잠시 기다렸다.

그녀는 다시 마음을 가다듬고 깊이 숨을 내쉰 다음, 천천히 말을 계속했다.

"그런데 친구가 아침에 했던 말이 기억났었어요. 친구는 뉴욕에 오는 길에 자기 어머니에게 들러서 점심식사를 함께하기로 했다는 말을 했었거든요. 계속 친구에게 전화 통화를 시도했는데 대답이 없었어요. 너무나 걱정이 되어 친구 어머니께 전화했더니 친구가 하이웨이에서 크게 자동차 사고가 났다는 거예요. 친구가 병원에 구급차로 실려가서 수술을 받고 있으며 위험한 상태라고 했어요."

바바라가 말을 잇지 못하고 눈물섞인 목소리로 말했다.

"그런 다음 날, 친구가 세상을 떠났다는 소식이 왔어요. 정말 믿기지 않았어요."

바바라는 티슈로 눈물을 닦았다.

바바라가 나중에 알게 된 상황에 의하면, 친구를 다치게 한 상대방 자동차의 운전자는 운전면허증이 없었고 다른 사람의 자동차를 도둑질하여 과속으로 질주하며 도망하다가 친구의 차를 들이받으면서 참혹한 사고를 낸 것이었다. 친구의 자동차는 상대방 차에 밀려 압축되면서 완전히 쭈그러진 상태였기 때문에 차 안에 갇혀 있던 친구를 차 밖으로 꺼내는 데 시간이 많이 소요되었다. 친구는 계속 의식이 없었다.

사랑하는 친구가 갑자기 세상을 떠난 후, 바바라는 '어떻게 이럴 수가 있지?'라고 생각하며 며칠 동안 음식을 전혀 먹을 수 없었고 완전히 탈진 상태가 되었다. 그녀는 '만일 내가 뉴욕으로 오라고 하지 않았더라면 내 친구는 살았을 텐데…'라는 생각에 자기 자신을 채찍질하며 죄책감에 싸여 있었다. 바바라는 갑자기 온 몸이 아프기 시작했고 급기야 병원에 입원하여 치료받고 며칠 후에 퇴원했었다. 그런데 그 후부터 그녀는 이따금씩 비슷한 증상이 엄습하여 병원에 자주 입원하는 상태가 되었다.

이렇게 자신의 병의 발단을 말하면서 바바라는 아직도 자신이 친구에 대해 미안하게 생각한다고 말했다. 주위에서 그녀를 염려하고 사랑하는 사람들이 죄책감에 젖지 말라고 권고하지만 그렇게 안 된다고 말하면서 눈물을 흘렸다. 자신이 전문가의 상담도 받았지만 마음속 깊이 새겨져 있는 오점이 지워지지 않는다고 슬퍼하며 바바라는 안타까워했다.

"목사님, 저를 위해 기도해 주실래요? 기도하면 정말로 하나님께서 들어주실까요?"

흐르는 눈물을 계속 닦으면서 바바라는 기도를 원했다. 자신을 올가미로 묶어놓는 덫에서 나오고 싶은 바바라의 진심이 느껴졌다. 그녀는 자신이 어떻게 할 수 없기 때문에 교회에 다니지 않지만 하나님의 능력에 맡기고 싶었던 것이다.

"그럼요. 바바라 씨, 우리가 모든 것을 하나님께 맡겨 봅시다. 하나님께서 바바라와 함께하셔서 인도해 주시리라 믿습니다."

나는 그녀가 죄책감에 사로잡힌 마음에서 하루속히 벗어나 평화를 얻도록 도와달라고 간절히 간구하며 기도했다.

바바라가 병원에 있는 동안 나는 그녀를 자주 방문하여 그녀의 마음을 위로했다.

그녀는 퇴원하기 전에, "제가 하나님의 위로되는 말씀을 읽고 싶을 때미다 쉽게 볼 수 있도록 목사님께서 저에게 몇 개의 성경 구절을 적어 주실 수 있나요?" 라면서 나에게 부탁을 했다.

나는 그녀가 듣고 싶어했던 "무릇 사람이 할 수 없는 것을 하나님은 하실 수 있느니라"(눅 18:27)와 같은 말씀들, 하나님께서 우리에게 주신 위로의 말씀들을 될 수 있는 대로 많이 성경책에서 골라 적어 주었다. 바바라는 고맙다고 말하면서 앞으로 기도와 성경 읽기를 통하여 하나님과 개인적으로 좀 더 가까운 관계를 갖도록 노력하겠다고 다짐했다.

"낮에는 여호와께서 그의 인자하심을 베푸시고 밤에는 그의 찬송이 내게 있어 생명의 하나님께 기도하리로다"(시 42:8).

19장
한국전쟁 베테랑

"내게 능력 주시는 자 안에서 내가 모든 것을 할 수 있느니라"(빌 4:13).

내가 담당의사 요구에 의해 문이 열려있는 요나단의 방을 노크하고 들어갔을 때, 키가 큰 남성이 침대 옆에 서서 책상 위에 있는 드링크를 컵에 따르고 있었다. 그는 온화한 신사로 보였다.

"요나단 씨인가요? 의사선생님의 부탁으로 제가 도와드리러 왔습니다." 내가 원목이라고 소개하자마자 그는 컵을 내려놓고 손을 내밀며 악수를 청했다.

요나단은 나와 악수한 후 내 손등에 존경의 의미로 그의 입술을 대었다. 나는 마음속으로 화들짝 놀랐으나 태연하려고 애쓰며 미소로 화답했다. 이런 일은 이따금씩 발생했다. 특히 천주교 신자들 중에서 신부님께 존경을 표현하는 의미로 신부님 손등에 입술을 대는 경우가 습관으로 되어 있는 환자를 만나면 이런 적이 종종 있었다.

환자와 악수했을 때 발생했던 사건 중에서 하나 기억나는 일은, 어느 젊은 남성 환자를 방문했을 때였다. 내가 병원 원목이라고 소개하는 순간, 그 남성 환자는 나에게 악수를 청했다. 내가 손을 그에게 내밀어 악수했을 때, 그는 내 손을 확 낚아채면서 나를 그에게 가까이 오게 한 후 내 뺨에 뽀뽀를 했다. 나는 갑자기 일어난 일에 깜짝 놀랐고 당황했다. 옆에 있던 환자의 친구가 나에게 미안하다고 계속 말했다. 나는 미소를 지으며 그들에게 괜찮다고 안심시킨 후 하나님의 축복 말씀과 조속한 쾌유를 바란다는 말을 하고 떠났었다.

요나단은 나와 악수하면서 "목사님 성함이 뭐라고 하셨죠?"라고 물었다.

"PARK! 피- 에이- 알- 케이- 예요. 맨해튼의 센트럴 팍과 같은 팍입니다."

나는 그가 알아듣기 쉽게 영어 알파벳으로 또박또박 말했다.

"목사님이 센트럴 팍 소유주입니까?"

그의 코미디같은 위트에 우리는 함께 크게 웃었다. 요나단은 그제서야 컵을 다시 들고 드링크를 한 모금 마셨다. 그리고는 침대에 걸터앉았다.

"어떻게 입원하시게 됐나요?"라는 나의 질문에 그는 미소를 잃지 않고 편안한 마음으로 대답했다.

"내 나이에 이건 아무것도 아닙니다. 젊었을 때 생사를 넘나들었거든요. 목사님, 혹시 한국인입니까?"

한국인이냐고 물어보는 그의 말에 나는 무척 반가웠다.

"네. 한국에 가 보셨나요?"

"나는 한국전쟁에 참여했었습니다. 인천, 부산에도 있었지요."

"어머나. 정말 감사합니다. 요나단 선생님, 당신같은 분들이 한국을 지켜 주셨기 때문에 오늘날 우리나라가 건재하고 있습니다. 저는 한국전쟁에 참전해 주신 모든 분들께 진심으로 감사드립니다. 정말이에요!"

나는 내 가슴에 손을 얹고 존경심을 표현했다. 그리고 이어서 말했다.

"세계의 많은 참전용사들이 우리나라를 위해 목숨을 잃고 희생한 걸 잘 압니다. 정말 미안하고 고맙게 생각합니다. 인류를 사랑하는 마음에 감동을 느낍니다."

나의 진심을 담은 말을 하고 보니 나도 모르게 6.25한국전쟁의 장면이 조각조각 끼워맞춰져 생각났다.

그때 나는 어린애였고 경상도 포항에 있었다. 약사였던 어머니가 포항도립병원 약제과장으로 일하셨기 때문에 우리는 병원에 소속된 관사에 살았다. 병원은 쭉쭉 뻗은 나무들이 많이 우거져 있었고 공기가 맑은 산등성이 밑 병원 옆에는 큰 호수가 있어서 경치가 매우 아름다웠다.

한국전쟁이 있던 전날은 맑고 좋은 날씨로 기억된다. 왜냐하면 우리는 다른 관사에 사는 분들과 함께 병원 뜰 옆

19장 한국전쟁 베테랑

에 있는 호숫가에서 어른들은 의자를 놓고 빙 둘러앉아 담화를 나누었으며, 내 또래 아이들은 뛰놀고 있었다. 그런데 몇 번이나 천둥 소리 없는 번개같은 불빛이 산 위에서 번쩍번쩍거렸다.

다음 날 새벽에 총소리가 많이 울렸다. 병원에서 전쟁이라면서 긴급 대피하라는 소리가 확성기를 통해 울려나왔다. 어머니는 갓난아기였던 동생을 둘러업었고, 나는 우리를 돌봐주던 아주머니의 손을 잡고 신발도 신지 못한 채 허둥지둥 집에서 뛰쳐나왔다. 숨 쉴 틈 없이 빗발치는 총알과 포탄을 피하기 위해 우리는 우선 병원 옆 언덕 밑에 숨어 있었지민 날아오는 총알 파편이 어머니의 발을 쳤다. 철철 흐르는 피를 어머니는 입고 있던 치마를 찢어서 지혈을 위해 꽉 묶었다. 그 이외엔 어떻게 할 도리가 없었다. 어머니는 아픈 것도 생각할 겨를 없이 빨리 그 자리를 피하여 우리 모두를 길거리로 나오도록 인도하셨다.

길에는 수많은 사람들이 더 남쪽으로 향하여 걸었다. 나를 돌보던 아줌마도 홀로 떠나가 버렸다. 나는 맨발로 발이 아프다는 것도 느끼지 못한 채 아무런 생각없이 사람들을 따라 하루종일 걷기만 했다. 논두렁에 피묻은 많은 사람들이 죽은 듯이 누워있는 것이 보였다.

지나가던 미군 지프가 어머니의 발에 피가 많이 묻은 것을 보고 멈춰 서서 발을 싸맬 수 있는 붕대와 약을 주고 지나갔다. 너무도 고맙고 친절한 미군들이었다.

생사가 무엇인지 모르는 어린 나이에 맨발로 피난을 다녔던 나에게 6.25한국전쟁은 커다란 충격을 주었다. 그때 또 다른 트라우마를 준 사건이 있었다.

전쟁이 막 끝난 어느 날, 초등학교 1학년이었던 내가 친구 집에 놀러 갔다가 혼자 집으로 걸어가고 있었는데 어디선가 총소리가 들렸다. 조금 후에, 카키색 옷을 입고 군인 모자를 쓴 남자어른이 내 앞에서 기다란 장총을 내 입에 겨누면서 "손 들엇!" 하며 큰 소리를 질렀다. 나는 두 손을 번쩍 들었다. 내 코에 화약 냄새가 들어왔다. 내 어린 마음에도 순간적으로 조금 전에 들었던 총소리가 이 사람과 관련이 있으리라고 생각했다. 나는 그 상황이 얼마나 무서웠던지 자동적으로 바지 밑으로 오줌이 흘러 바지가 흠뻑 젖었지만 모르고 있었다.

  내 옆으로 몇 명의 어른들이 지나갔지만 아무도 그를 말리지 않고 모른 척하면서 무심하게도 그냥 지나갔다. 그때, 나는 그 어른들이 왜 나를 도와주지 않았는지 무척 야속하게 생각되었다. 총을 나에게 겨누었던 남자는 잠시 후 아무 말도 없이 가버렸다. 나는 뒤도 돌아보지 않고 집에까지 정신없이 뛰었다.

  이 사건은 나에게 너무나 충격적이었기 때문에 말하고 싶지 않아서 나도 모르게 기억을 차단했던 것 같다. 심리학적 관점에서 보는 방위 기제의 작용이 아니었을까? 몇십 년 동안 잊고 있었는데 얼마 전에 아이들에게 한국전쟁 이야기를 하면서 떠올랐다.

  요나단은 한국에 대한 인상이 매우 좋았던 것으로 보였다. 그는 자신이 만났던 한국 사람들이 모두 친절하고 순박했다는 말을 하면서 칭찬을 멈추지 않았다. 사실, 내가 그에게 격려하며 도움을 주려고 방문했지만 오히려 내가 힘을 얻은 느낌이었다. 한국전쟁이라는 연결고리로 대화를 나눔으로써 원목과 환자의 관계가 훨씬 열려져 있었다.

"요나단 씨, 지금 치료는 잘 되고 있나요?" 나는 환자의 치유과정과 정밀검사 등으로 밀려오는 부담감을 도와주고 싶었다.

"아직은 견딜 만합니다. 혈액수치가 올라가길 기다리고 있습니다." 그는 미소를 잃지 않고 말했다.

여러 가지 상황에 대하여 나와 함께 나누었던 대화에서 보여준 요나단의 여유로운 말과 평온한 태도에서, 나는 요나단의 긍정적인 성격과 마음가짐을 느꼈다. 그런 마음가짐은 바로 요나단 자신에게 스스로 육체적, 정신적 그리고 심적 치유에 도움이 많이 된다고 생각했다.

긍정적 태도는 어려운 난관이나 고통스러운 일에 부딪쳤을 때 쉽게 극복하는 힘과 용기를 갖게 된다. 따라서 긍정적 사고방식은 낙관적인 생각을 하게 되어 행복을 느낌으로써 치유에 좋은 영향을 줄 수 있다.

나는 요나단에게 하나님의 축복과 은혜가 함께하여 빨리 쾌차하길 바란다는 말로 인사를 나누고 다시 방문하겠다고 약속했다.

"여호와의 말씀이니라…내가 너의 상처로부터 새 살이 돋아나게 하여 너를 고쳐 주리라"(렘 30:17).

20장
환자가 무엇을 원하는지 듣자

"주의 말씀은 내 발에 등이요 내 길에 빛이니이다"(시 119:105).

내가 만난 여성 환자 다이앤은 매력적인 모습이 만화책에 시 읽었던 뽀빠이의 날씬한 올리브같은 인상을 주었다. 그녀는 가족과 친구들 얘기를 하면서 미소를 짓고 즐겁게 대화를 나누었으며 매우 호감을 주는 환자였다. 다이앤은 평생을 일했던 좋은 직장에서 몇 달 전에 은퇴했다. 그녀는 젊었을 때 세상을 떠난 남편을 항상 그리워하지만 근처에 살고 있는 딸과 어린 손주들이 그 자리를 채워주었다. 은퇴

후 다이앤은 친구들과 함께 골프를 시작하여 매일을 즐겁게 보내고 있었다.

그런데 한 달 전부터 갑자기 궁둥이와 천골 근처가 아프기 시작했다. 처음엔 골프 때문이라고 생각했는데 갈수록 점점 더 심하게 통증이 왔다. 담당의사의 지시대로 병원에 입원하고 검사 받으러 왔다고 말했다. 그녀는 걷기가 불편하여 워커에 의존했다. 며칠 후, 다이앤은 잠을 잘 못 잤는지 그녀의 멋진 미소는 온데간데없이 사라지고 초췌한 모습이었다. 모든 검사 결과에 의하여, 그녀는 암 말기라는 진단을 받았는데 믿기지 않는다고 말했다.

그녀는 담당의사에서 두 가지 선택이 있다고 들었다. 하나는 수술한 후에 강한 약물 치료를 하는 것과 또 하나는 아무것도 하지 않고 집에 가서 아플 때마다 통증 완화제를 사용하는 것이었다. 갑자기 닥친 건강 문제로 마음이 심하게 소용돌이치며 동요되었지만 다이앤은 차분하게 말했다.

"의사 선생님 말씀이, 많아야 6개월 정도밖에 시간이 없다고 해요."

"많이 심란하시겠습니다."

나는 그녀의 걱정스러운 얼굴 표정을 느꼈다.

"저는 정말 그냥 집에 가고 싶어요. 집에 가서 손주들과 시간을 즐겁게 보내고 싶어요. 가족들과 친구들을 만나면서 짧은 시간이라도 즐기면서 지내는 게 더 좋을 것 같아요."

나는 그녀를 쳐다보면서 고개를 끄덕였다.

"그리고 많이 아플 때마다 모르핀 같은 주사 맞고요. 그러다 때가 되면 하나님께 가는 거고요."

그녀가 계속하여 말했다. 주위에서 그녀를 아끼는 사람들이 수술받고 더 오래 살라고 했다면서, 요즘은 의학이 많이 발달되었는데 그런 혜택을 받지 않고 죽을 날을 기다린다는 것은 나중에 굉장히 후회할 거라고 제안을 했기 때문에 생각 중이라고 덧붙였다.

"제가 그들의 마음을 잘 알지만… 제 친구를 보니, 고생은 고생대로 하고 결국 수술한 후 이겨내지 못하고 예상보다 더 빨리 세상을 떠나더라고요. 저는 그렇게 하고 싶지 않습니다."

다음 날, 내가 다이앤을 방문했을 때 그녀는 특별한 검사를 받으러 갔기 때문에 방에 없었다. 마침 다이앤의 두 딸을 만나게 되었다. 그들의 어머니가 어떤 치료 방법을 선택했느냐는 나의 질문에 그들은 아직 결정을 못했다고 말하면서 얼굴 뺨에 주르륵 흐르는 눈물을 닦았다.

"따님 두 분에게서 모두 어머니를 무척 사랑하는 마음이 느껴집니다. 두 따님과 어머님이 모두 함께 다시 의사 선생님에게 상의를 한 번 더 해보시고 결정하는 게 어떨까요?"

다이앤의 두 딸은 동의했다.

일 주일 후 내가 다이앤을 방문했을 때 그녀는 계속 눈을 감고 침대에 누워 있었으며 대화를 나눌 수 없을 정도로 쇠약해져 있었다. 다이앤은 결국 수술을 했고 강한 약물 치료를 받고 있었다. 자주 그녀에게 방문했지만 그녀의 상태는 호전되는 것 같지 않았다. 그녀는 식사도 제대로 할 수 없어서 영양제 주사를 맞고 있었으며 점점 더 기운이 없어 보였다.

원목으로서 대화를 나눌 수 없는 환자에게는 옆에서 조용히 마음속으로 기도를 하는 것 외에는 아무것도 할 수 없었다. 다이앤은 천주교 신자였기 때문에 신부님께서 매일 아침마다 그녀에게 방문하여 기도를 해 주셨다. 나는 그녀의 침대 위에 걸어 두었던 묵주가 없어진 것을 보고 다른 묵주로 대치했다. 아마, 침대를 옮길 때나 혹은 검사 받으러 갈 때 떨어졌나 보다고 생각했다.

며칠 후 다이앤은 독방으로 옮겨졌으며 환자가 병균에 약하기 때문에 '요 주의'(Precaution)라는 초록색 팻말이 그녀 방문에 붙어 있었다. 그로부터 두 주 후에는 환자 명단에서 그녀의 이름을 볼 수 없었다. 환자가 혹시 집으로 퇴원했는지 아니면 요양원에 갔는지 간호사에게 알아본 결과 다이앤은 조용히 세상을 떠났다고 했다.

"수고하고 무거운 짐 진 자들아 다 내게로 오라 내가 너희를 쉬게 하리라"(마 11:28)

만일 다이앤이 원했던 대로 수술과 강한 약물 치료 없이 집에 갔다면 어땠을까 생각했다. 그녀가 가족들과 친구들을 만나면서 몇 개월이라도 좀 더 오래 살 수 있었을까? 만일 그녀가 집에 가서 통증이 올 때마다 통증 완화제를 사용하며 그녀 눈에 넣어도 아프지 않을 예쁜 손주들과 사는 날까지 즐겼다면 좀 더 행복했을까?

나는 다이앤이 수술을 택했든지 아니면 택하지 않았든지 어느 방법이 그녀에게 더 좋았을 거라고 감히 말할 수는 없었지만 그녀의 죽음에 안타까운 마음으로 기분이 착잡했다.

20장 환자가 무엇을 원하는지 듣자

21장
완강한 거부

"오직 여호와를 앙망하는 자는 새 힘을 얻으리니 독수리가 날개치며 올라감 같을 것이요 달음박질하여도 곤비하지 아니하겠고 걸어가도 피곤하지 아니하리로다"(사 40:31).

병원에서 '상실감 카운슬링' 세미나가 있는 날이었다. 그동안 원목들이 그룹 상담으로 도와주었던 사랑하는 사람을 잃은 가족들과 병원 직원들을 초대하여 열린 세미나였다. 나는 '새로운 아이덴티티의 형성'(Forming a New Identity)이라는 제목으로 45분 동안 파워포인트를 이용하여 강의했다. 세미나가 끝나고 질의문답 시간 후에 나를 찾고 있다는 환자에게 달려갔다.

 병원 1층에 자리잡은 병동에 내가 문을 열고 들어가는데, 한 평상복을 입은 남성이 문을 향하여 뚜벅뚜벅 걸어오고 있었다. 조금 떨어진 뒤에서 간호사가 "나가면 안 돼요!"라고 큰 소리로 말하면서 그를 쫓아왔다.

 나는 무슨 영문인지 몰랐지만 그 남성에게, "잠깐만 서시라고 하는데요"라고 말했지만 그는 서지 않고 문 쪽으로 계속 걸어갔다. 내가 그 남성에게 다가서서 다시 종용했다.

 뛰어오던 간호사가 가까이 와서 그의 팔을 잡으며 말했다.

 "가족이 올 때까지 나가시면 안 됩니다."

 그는 간호사의 팔을 뿌리치며, "나 혼자 갈 수 있어요!"라면서 막무가내였다.

 간호사가 다시 그의 팔을 붙들면서 말했다.

 "이분은 병원 원목 박 목사입니다."

 그에게 나를 소개하면서 동시에 나에게도 말했다.

 "이분은 로버트 씨인데, 곧 퇴원해요. 보호자가 와서 모시고 가야 하는데 그때까지 기다리지 않고 나가려고 하시는 거예요. 도무지 말이 통하지 않네요. 목사님, 좀 도와주실 수 있나요?"

"네. 알겠습니다."

나의 대답에 고맙다는 말과 함께 간호사는 다른 환자를 보살피기 위해 서둘러 갔다.

"안녕하세요, 로버트 씨. 저는 박 목사입니다."

나는 미소를 지으며 부드러운 목소리로 말했다. 로버트를 진정시키기 위해 그의 눈을 쳐다보며 손을 잡았다. 원목은 대체적으로 환자가 악수하려고 하기 전에 먼저 손을 내밀지 않는다. 왜냐하면 악수하는 것을 별로 탐탁하게 여기지 않는 환자도 있기 때문이다. 그러나 이 경우에는, 환자의 마음을 안심시키기 위해서 내가 먼저 그에게 손을 내밀었다.

"무엇이 로버트 씨의 마음을 불편하게 했는지 말씀해 주실래요?"

나는 로버트의 손을 잡은 채 말했다.

"집에 가려고 합니다. 지금 옷도 다 입었잖아요. 왜 못 가게 하는 거죠?"

로버트는 내 질문에 아랑곳하지 않고 계속 집에 가겠다고만 했다. 간호사가 이미 설명했지만 무슨 말인지 이해하지 못했거나 혹은 무엇이라고 했는지 상황을 깡그리 잊고 모든 것을 의심스럽게 생각하는 것 같았다.

"로버트 씨, 여기는 병원이잖아요. 퇴원하실 때 가족이 오셔서 로버트 씨를 모시고 가는 것이 병원 규칙입니다. 그래서 저희가 선생님의 가족을 기다리고 있어요"

내가 말하는 동안 로버트는 내 말을 들으려 하지 않고 내가 잡고 있는 자신의 손을 빼면서 다시 문쪽으로 걸어가려고 했다. 나는 할 수 없이 그의 앞을 막아서면서 말했다.

"로버트 씨, 잠깐만요. 혹시 누가 선생님을 모시러 오는지 아시면 저에게 말씀해 주세요. 제가 연락해서 지금 어디쯤에 계신지 알아보겠습니다."

그러나 로버트는 대답없이 나를 멀뚱멀뚱 쳐다보기만 했다.

"아! 좋은 생각이 떠올랐어요. 로버트 씨, 저랑 같이 간호사님께 가족분의 전화번호를 알아보러 갑시다. 그런 다음에, 제가 가족이 계신 곳으로 로버트 씨를 모셔다 드릴게요. 제가 안전하게 모실게요."

내가 함께 가 주겠다는 말에 로버트는 안심이 되었는지 순간적으로 초조하고 불안했던 마음이 조금 진정된 것 같았다. 그는 나를 따라 간호사가 있는 자리로 움직였다. 나는 그에게 "제가 도와 드릴게요" 하면서 그가 넘어지지 않도록 그의 팔을 살며시 잡고 간호사가 있는 곳으로 인도했다.

간호사가 그의 가족 전화번호를 찾은 후 병동의 비서가 전화로 연락을 시도했다. 마침내 로버트의 가족이 나타났다. 그는 무사히 퇴원할 수 있었다.

"여호와여 내가 수척하였사오니 내게 은혜를 베푸소서 여호와여 나의 뼈가 떨리오니 나를 고치소서"(시 6:2).

2023년에 새로운 치매 치료약이 나왔다고 하는데 좋은 치유 효과가 있기를 바란다. 이것은 반가운 소식이다. 하지만 아직까지 보편적으로 알츠하이머를 포함하여 모든 치매를 완전히 치유하는 약은 없었다.

전문가에 의하면, 치매 약과 예방을 병용함으로써 치매의 진행 속도를 늦추는 게 상책이라고 말한다. 예방으로 항산화제가 많이 들어 있는 초록색 야채와 과일을 섭취하는 것이 좋다고 한다.

또 다른 예방은 뇌를 움직여 주는 방법으로 책이나 신문을 읽고, 스도쿠 같은 숫자 놀이나 글자 맞추기 같은 게임을 하며, 매일 걷기와 가벼운 운동을 꾸준히 하는 것이다. 계속적으로 운동을 할 때 뇌의 해마 부분에 세포가 새롭게 나타났다고 말한다. 해마 부분은 기억력과 밀접한 관계가 있다. 운동을 계속함으로써, 죽은 세포가 다시 살아나지는 않지만 해마에 새로운 세포가 생긴다는 것이다. 그러므로 운동과 해마는 관계가 있으며, 운동하는 것은 치매 예방에 매우 좋은 영향을 준다고 알려졌다.

내가 만난 로버트처럼 알츠하이머나 혹은 다른 치매 환자들은 무엇이 안전한지, 혹은 어떤 행동이 적절한지 잘 모를 수 있다. 그래서 자기가 들은 말에 대해 잘못 해석을 하게 된다. 잘못된 이해로 말미암아 환자 자신이 불안해하거나 또는 과격한 행동을 보여줄 수 있다는 것을 우리는 염두에 두어야 한다.

치매 환자를 돌봐주는 경우에도, 모든 다른 환자와 똑같이 대해 주며 그들의 존엄성을 존중하고 지켜주어야 한다. 환자가 잘 이해를 못한다 하여 함부로 거칠게 말하거나 윽

박질러서는 안 된다. 치매 환자도 느끼고 생각하는 사람이다. 사랑과 배려하는 마음으로 부드럽게(Tender Loving Care) 도와주는 것이 좋다.

모든 환자와(치매 환자 포함) 대화할 때
1. 환자가 편안한 마음을 갖도록 친절하게 해 준다.
2. 질문할 때는 환자가 대답할 수 있는 시간적 여유를 주며 기다린다.
3. 환자가 잘 알아듣기 쉽게 또박또박 정확히 말한다.

22장
두려움

"내가 네게 명령한 것이 아니냐 강하고 담대하라 두려워하지 말며 놀라지 말라 네가 어디로 가든지 네 하나님 여호와가 너와 함께하느니라"(수 1:9).

베티의 방은 햇빛이 잘 들어오고 경치가 좋은 위치에 자리했다. 방에는 겉문이 있고 몇 발자국 들어가면 유리문이 있었다. 내가 유리문을 노크하고 들어갔을 때 침대는 창문 옆에 놓여 있었고 침대 머리쪽은 벽에 붙어 있었다. 침대의 머리쪽을 높여서 비스듬히 누워있던 베티는 밖을 내다보며 감상하고 있는 듯했다.

나는 병원 원목이라고 소개하며 말했다. "와우! 여기는 경치가 참 좋으네요. 햇빛이 들어오고 아주 밝고 환하기도 하고요."

"네. 햇살이 매우 좋아요. 병원 원목이라고요?! 저는 천주교인데요." 베티는 원목의 방문을 요구하지 않았기 때문에 의아한 표정을 지으며 말했다.

"저는 특별한 일이 있어서 온 게 아니고, 오늘 이 병동을 맡은 원목으로서 인사하러 온 것입니다."

우선 환자를 안심시켰다. 얼마 전에 내가 대화를 나눈 천주교 신자에 의하면, 환자의 상태가 갑자기 나빠지거나 임종이 가까울 때 병원 원목 신부님의 방문을 요구한다고 말했던 것이 기억났다.

날씬하게 보이는 베티는 머리에 파랑색 스카프를 예쁘게 두르고 있었다. 그녀는 맑고 반짝이는 눈으로 미소를 지었다.

"여기에 어떻게 오시게 되었나요?"

명함 카드를 내밀며 나는 말했다.

"저는 암 진단을 받았고 치료받으러 왔습니다. 제가 매일 2마일씩 조깅하고 음식도 건강식으로 가려 먹었는데, 왜 이런 일이 생길까요?"

그녀는 이해할 수 없다는 듯이 한숨을 쉬며 말했다.

"병원에 들어오자마자 이것저것 검사를 계속하더니 내일부터 치료를 시작한다고 해서 약간 겁이 납니다. 수술도 해야 하고요."

얼굴에 미소는 어느새 사라지고 침울한 표정을 지었다.

내가 그녀에게 조금 더 가까이 가서 말했다.

"마음이 많이 무겁겠습니다. 겁이 난다고 하셨는데 무엇이 그렇게 베티 씨를 겁나게 만드는지 말씀하실 수 있나요?"

그녀가 열린 마음으로 대답해 주기를 기다렸으나 그녀는 오랫동안 침묵을 지켰다. 나는 베티가 겁난다는 것이 무엇인지 더 이상 말하고 싶어하지 않는다는 것을 느꼈으므로 화제를 다른 것으로 돌렸다.

"저는 매일 병원에 출근하니까 제 도움이 필요하시면 언제든지 원목 사무실로 전화 주세요. 이제부터 수술과 치료가 시작되면 가족의 도움이 많이 필요할 텐데 괜찮으세요?"

"남편이 잘 도와줘서 괜찮을 것 같습니다. 아이들은 집을 나가 살고 있지만, 정신적으로 많이 도움을 주고 있습니다."

22장 두려움

"가족들의 격려와 지지를 받을 수 있어서 정말 하나님의 은혜입니다."

"저도 그렇다고 생각해요."

베티는 마음이 약간 열렸는지 두 딸의 이야기로 꽃을 피웠다. 책상 위에 있는 조그마한 지갑에서 가족사진을 하나 꺼내어 보여주면서 사회에서 잘 하고 있는 딸들을 자랑했다.

갑자기 그녀의 눈시울이 빨갛게 물들었다. 나는 위로해 주기 위해 그녀의 오른 팔을 어루만졌다.

"너무 무서워요, 목사님."

다시 침묵이 흘렀다. 나는 그녀의 손을 잡아주며 고개를 끄덕였다. 그녀가 어떤 마음으로 괴로워하는지 조금은 헤아릴 수 있었다.

"의사 선생님께서 수술하고 치료 잘 받으면 괜찮을 거라고 말씀하셨지만, 제가 암이라는 말을 들은 후부터는 죽음이라는 것과 연결이 되어 겁이 덜컥 납니다. 내가 사랑하는 사람들과 이별한다고 생각하니 넘 슬퍼요."

그녀는 말을 채 끝내지 못하고 흐느끼며 고개를 숙여 하염없이 흐르는 눈물을 티슈로 닦았다. 나는 아무 말 없이 그녀의 어깨를 쓰다듬으며 코끝이 찡함을 느꼈다.

베티는 조금 진정된 후, "목사님, 기도해 주실래요?"라고 말했다.

"그럼요! 기도에 포함하고 싶은 특별 기도 제목이 있으신가요?"

"특별한 건 없고요, 그냥 저의 치료가 잘 되어 건강한 몸으로 집에 갈 수 있도록 기도해 주세요. 그리고 저의 두 딸과 남편도 계속 건강하도록 기도해 주시면 고맙겠습니다."

"네. 함께 기도해요."

나는 두 손을 모아 다소곳이 눈을 감고 하나님께 베티가 두렵지 않고 용기를 가질 수 있도록 도와달라고 말씀드렸으며, 또 그녀가 성공적인 수술 결과를 가짐으로써 완전하게 치유되기를 간구했다. 그녀가 원하는 모든 기도 제목을 포함하여 진심으로 기도했다.

"기도 감사합니다. 목사님, 시간 있으실 때 오셔서 자주 기도해 주시면 고맙겠습니다."

"물론이죠. 꼭 방문하겠습니다. 오늘 대화를 나누어 주시고 기도를 함께할 수 있어서 저도 좋은 시간을 가졌습니다. 하나님의 풍성한 축복을 베티와 모든 가족분들께서 받으시길 기원합니다."

나는 인사를 하고 조용히 유리문을 닫았다.

"나의 하나님이여 귀를 기울여 들으시며 눈을 떠서 우리의 황폐한 상황과 주의 이름으로 일컫는 성을 보옵소서 우리가 주 앞에 간구하옵는 것은 우리의 공의를 의지하여 하는 것이 아니요 주의 큰 긍휼을 의지하여 함이니이다"(단 9:18).

23장
상심

"여호와 내 구원의 하나님이여 내가 주야로 주 앞에서 부르 짖었사오니 나의 기도가 주 앞에 이르게 하시며 나의 부르 짖음에 주의 귀를 기울여 주소서"(시 88:1-2).

기차 시간표에 맞추어 집에 갈 준비를 하고 원목 사무실을 막 나가려고 하는 순간 전화 벨이 때르릉 울렸다. 아무리 바빠도 급한 전화일 것 같아서 전화기를 들었을 때, 원목 사무실 실장이 급하게 말했다.

"박 목사, 내가 곧 회의에 들어가야 하기 때문인데, 여기 외과병동에 입원한 환자를 지금 방문해 줄 수 있어요? 환자가 너무 상심하여 계속 울고 있다고 담당의사의 부탁이 있어서 그럽니다."

나는 실장이 정보를 준 환자의 방 번호와 이름을 메모지에 적은 후 컴퓨터로 다시 확인하면서 환자는 유대교인이라는 것을 알았다. 환자와의 방문이 언제 끝날지 모르기 때문에 나는 들고 있던 가방을 다시 사무실 옷장 안에 있는 커다란 서랍 속에 넣고 서둘러서 환자에게로 향했다.

환자는 침대에 앉아서 티슈로 눈물을 닦고 있었다. 옆 의자에 한 남성이 아무 말 없이 앉아 있었다. 그 남성은 자신이 환자의 남편이라면서 잠깐 나갔다 올 테니 환자를 위로해 달라고 말했다.

"드보라 씨, 기분이 많이 상하신 것 같습니다. 의사 선생님께서 드보라 씨가 걱정이 되어 저희 원목 사무실에 부탁하셨어요."

나는 울고 있는 그녀에게 조금 더 가까이 가서 말했다. 드보라는 한 쪽 발에 발목 위까지 까만색의 부드러운 깁스를 하고 있었다.

"지금 보니, 발을 다치셨나 봐요."

"발은 넘어지면서 발가락 뼈에 금이 갔고 많이 부었는데 치료받고 소염제를 먹어서 지금은 별로 아프지 않아요. 그런데 너무 속상해서 자꾸 눈물이 나네요."

드보라는 잠시 말을 끊고 침묵이 흘렀다.

대화에서 침묵은 묘한 감정을 느끼게 한다. 침묵하는 동안, 상담자는 '내가 뭐라고 말을 하여 대화를 연결할까?' 혹은 '어떻게 하면 이 침묵을 깰 수 있지?'라고 생각할 수 있다. 그러나 침묵은 대화에서 중요한 부분이기도 하다. 침묵이 흐르는 사이에 상담자 혹은 말하려는 화자가 초조해하거나 조바심을 가질 필요는 없다.

침묵이 계속되는 동안 우리는 그냥 아무 생각 없이 가만히 있는 것이 아니고, 상대방의 마음을 헤아리려고 노력하며 상내방에게 '밀없는 관심'의 표정을 보여주는 것이 좋다. 침묵하는 사이에 우리는 온 신경을 상대방의 이야기 속으로 몰입할 수 있게 된다. 따라서 상대방의 이야기를 다시 생각하는 시간이 되어 대화의 흐름을 이어준다. 침묵의 시간은 서로가 연결되도록 도와줄 수 있다.

"속상하다고 하셨는데, 그 일이 무엇인지 말씀해 주실래요?"

드보라에게 내가 조심스럽게 질문했다.

"제가 건강 체질이라고 자신했었어요. 그러나 은퇴한 후부터 건강에 이상한 일이 많이 생기네요."

드보라는 얼마 전에 갑자기 한쪽 눈이 잘 보이지 않았다. 안과의사가 약을 처방해 주었지만 점점 더 시력을 잃고 있었다. 그녀가 넘어져서 발을 다친 후 병원에 와서 정밀검사를 한 결과 종양이라는 진단이 나왔다.

"종양이란 말을 들으니 어처구니가 없어서 정신이 하나도 없네요. 이제 저는 어떻게 살 수 있지요? 종양의 위치에 따라 수술이 좀 힘들 수도 있다고 해요. 겁이 나요."

드보라는 다시 눈물을 흘리며 울기 시작했다.

생사에 대한 드보라의 반신반의에 옆에 있던 나도 안타깝기만 했다. 수많은 시간 동안 감정 이입의 대화 훈련을 받아왔지만 정작 그녀의 가슴 터지는 듯한 울부짖음에 나도 모르게 마음속 깊이 그녀와 함께 울고 있었다.

"얼마나 큰 멘붕을 느끼시겠습니까!"

"저는 정말 무엇을 어떻게 해야 할지 전혀 생각을 못하겠어요. 하늘이 무너지는 것 같아요. 눈 앞이 캄캄합니다."

드보라는 목이 메인 목소리로 띄엄띄엄 말했다.

"그러실 거예요. 어느 누구라도 그런 상황에서 드보라 씨와 똑같은 생각을 하게 될 겁니다. 우리는 모두 쉽게 부러지는 인간이잖아요."

나는 그녀의 낙심된 마음에 공감을 표현했다. 드보라는 계속 흐르는 눈물을 닦으며 잠자코 앉아 있었다. 그녀의 어깨에 나는 가볍게 손을 얹고 위로했다. 다시 침묵의 시간이 흘렀다.

"열심히 건강에 신경을 쓰셨는데, 미안합니다. 많이 실망하신 것 같아요."

"화가 나요. 왜 나에게 이런 일이 자꾸 일어나는지 알 수 없네요. 의사 선생님이 할 수 있는 모든 방법을 동원하여 노력해 보자고 하는데, 아직 잘 모르겠어요. 치유 가능성이 정말 있을런지…."

"의사 선생님께서 양성이기 때문에 완치율이 높다고 말씀하셨다면서요. 용기를 가지세요. 깜깜한 터널 끝에는 빛이 보인다고 말하잖아요."

"네." 드보라는 고개를 끄덕이며 말을 계속했다. "목사님,

수술이 잘 되어 하루속히 낫도록 기도해 주세요. 그리고 저희 가족 모두가 건강하도록 기도해 주세요."

나는 하나님께 수술과 모든 것이 잘 되어 그녀가 건강을 회복하고 그녀의 가족 모두가 건강하도록 도와달라고 간절히 기도했다.

내가 그녀에게 병원에서 봉사하는 유대교 랍비와 만나기를 원하느냐고 물었을 때 그녀는 주말이기 때문에 랍비가 바쁠 거라면서 사양했다. 드보라는 자신이 다니는 유대교 회당 템플에 소속된 랍비에게 안식일이 지난 다음에 연락하겠다고 말했다.

유대교의 안식일은 금요일 오후 해가 지면서 시작하여 토요일 해 질 때까지이며, 안식일을 지키기 위해서 그로서리 쇼핑도 하지 않는다. 그들은 모든 일을 제쳐놓고 하나님을 생각하며 섬기는 일에 전념한다. 유대교인들은 그 시간 동안에 전기도 사용하지 않고 안식일을 위한 촛불을 이용한다.

병원에서도 원목이 매주 금요일마다 '안식일을 위한 촛대'(Shabbat Candle)를 원하는 유대교인 환자에게 배달한다.

많은 병원에서, 유대교인들을 위하여 엘리베이터 한 대를 정해놓고 금요일 오후부터 토요일 저녁까지는 엘리베이터 버튼을 손으로 누르지 않아도 자동적으로 매 층마다 정지하도록 되어 있다.

"하나님은 우리의 피난처시요 힘이시니 환난 중에 만날 큰 도움이시라"(시 46:1).

24장
그녀의 용기

"내가 붙드는 나의 종, 내 마음에 기뻐하는 자 곧 내가 택한 사람을 보라… 상한 갈대를 꺾지 아니하며 꺼져가는 등불을 끄지 아니하고 진실로 정의를 시행할 것이며"(사 42:1, 3).

소셜 워커의 부탁으로 나는 글로리아를 만났다. 글로리아는 다음 날 퇴원하기로 예정되어 있었다. 그녀의 방은 2인용 병실인데, 침실 하나는 아직 아무도 사용하지 않고 있어서 넓직한 독방 같았다. 내가 병원 원목이라고 소개하면서 명함을 내밀었을 때 그녀는 고맙다며 미소로 대답했다. 내 손을 잡으며 할 말이 있다고 말했다.

글로리아는 할 말이 많은 것 같은데 머뭇거렸다. 고요한 공간에 침묵이 흘렀다. 나는 이미 소셜 워커로부터 글로리아의 사연을 들었기 때문에 그녀가 무슨 말을 하려는지 대강 짐작했다. 그녀가 말을 하고 싶은 마음이 열리도록 잠자코 기다렸다.

"저는 목회상담자로서 무슨 말이든 안심하고 말씀하세요. 마음의 준비가 될 때까지 기다릴게요."

나는 조심스럽게 대화를 시작했다. 그녀는 용기를 내어 원목의 방문을 요구했지만 말을 쉽게 꺼내지 못하는 눈치였다. 계속 침묵이 흐른 후 그녀는 마침내 입을 무겁게 열었다.

그녀는 친구 소개로 남편과 만나 연애 6개월 만에 결혼할 정도로 사랑에 푹 빠졌었다. 결혼한 후 어느 날 글로리아와 그녀의 남편이 말다툼을 했는데 남편이 화가 나서 그녀의 목과 멱살을 한 번 잡았다. 그 다음부터 남편의 폭력이 조금씩 나타나기 시작했다. 그녀의 남편은 이따금씩 그녀의 뺨을 때리거나 몸에 손찌검을 했다.

"그럴 때마다 다음 날에는 남편이 저를 사랑한다면서 커다란 꽃다발을 선물했고, 술기운에 잘못을 저질렀다면서 다시는 안 그러겠다고 약속을 했어요."

글로리아는 감정이 복받쳤는지 눈에 눈물이 고여 반짝였다. 그녀는 내가 건네준 티슈를 받아서 눈가를 닦으면서 이야기를 계속했다.

"저도 남편을 너무나 사랑했기에 내 자신이 먼저 변화되어야겠다고 생각하여 될 수 있는 대로 싸움을 피하려고 노력했어요."

얼마 동안은 서로 싸우지 않고 관계가 좋아지는 것 같았다. 그러다가 남편은 자신이 받는 스트레스를 술에 의한 육체적 폭력으로 다시 그녀에게 향했다.

"남편이 화가 날 때, 저의 팔을 사정 없이 잡아당겨서 지금 한 쪽 팔을 잘 사용하지 못하는 형편입니다."

그녀의 남편이 담배를 끊기 전에는 담뱃불로 그녀의 몸을 지지기도 했다. 글로리아는 환자 가운을 들어올려 담뱃불에 지져서 생긴 몸의 흉터 자국을 나에게 보여주었다. 그녀는 서럽게 흐느끼며 눈물을 뚝뚝 떨어트렸다. 나는 너무도 애처로워 두 눈을 뜨고 볼 수가 없었다. 나도 그녀와 함께 마음속으로 울었다.

"어머나! 요즘 세상에 어떻게 이런 일이 있을 수 있나요?!"

나는 경악하여 더 이상 아무 말도 안 나왔다. 놀란 눈으로 그녀를 쳐다보았다.

"저는 보기만 해도 이렇게 속상한데 글로리아 씨는 얼마나 가슴이 아팠을까요!"

나는 눈물 젖은 목소리로 그녀에게 말했다.

글로리아는 눈물을 닦으면서 말했다.

"크리스천이라서 이혼이라는 건 생각하고 싶지 않았는데, 저도 인간인지라 더 이상 참을 수 없는거예요. 딸아이도 커 가는데 아빠가 육체적 폭력을 하는 가정에서 자라는 것이 옳지 않다고 생각하여 이혼하려고 합니다. 그래서 목사님과 의논을 하고 싶었습니다."

눈물만 흘리는 글로리아에게 나는 충고했다.

"무엇보다 가장 중요한 것은, 글로리아 씨와 따님이 안전해야 합니다. 만일 상황이 위험하다고 생각되면 그 자리를 빨리 피하십시오."

한참 동안 나와 대화를 나눈 글로리아에게 나는 그녀가 자존감을 되찾고 자신에게 무엇이든 혼자 할 수 있다는 자신감과 능력을 갖도록 하는 방법을 알려주었다. 나는 계속적인 지지를 위해 그녀에게 아무 때나 영적 상담을 주겠다고 약속했다. 글로리아는 소셜 워커와 대책 마련을 다시 한 번 상의한 후에 어떻게 할 것인지 결정을 하겠다고 말했다.

가정 폭력은 제일 처음에 시작할 때부터 못하도록 막아야 한다. 어떤 형태로든 언어적, 또는 신체적 폭력과 학대는 누구를 막론하고 절대로 묵과할 수 없다. 한 번 폭력을 행사한 사람은 상습적으로 계속할 가능성이 많다. 언어적 학대는 신체적 폭력으로 연결될 수 있다. 한 대라도 잘못 맞으면 생명이 위험하다. 우리 모두는 하나님의 형상으로 만들어진 고귀한 인간이기 때문에 우리는 서로 존중해야 한다.

나는 글로리아에게 다음 사항을 알려주었다:
- 긴급하게 대피해야 할 상황을 위해 미리 여분의 금전이나 신용카드를 준비해 두어야 한다.

- 어디로 가야 할 것인지 피신처도 미리 마련하거나 생각해 두는 것이 중요하다.

- 피신처는 가급적 친척이나 자주 만났던 친구는 피해야 하는데, 이유는 피해자가 어디로 가려는지 가해자가 쉽게 짐작할 수 있기 때문이다.

"여호와 하나님이 아담에게서 취하신 그 갈빗대로 여자를 만드시고 그를 아담에게로 이끌어 오시니 아담이 이르되 이는 내 뼈 중의 뼈요 살 중의 살이라"(창 2:22-23).

"남편들아 아내 사랑하기를 그리스도께서 교회를 사랑하시고 그 교회를 위하여 자신을 주심같이 하라… 이와 같이 남편들도 자기 아내 사랑하기를 자기 자신과 같이 할지니 자기 아내를 사랑하는 자는 자기를 사랑하는 것이라"(엡 5:25, 28).

25장
고민거리

"오직 나는 여호와를 우러러보며 나를 구원하시는 하나님을 바라보나니 나의 하나님이 나에게 귀를 기울이시로다"
(미 7:7).

간호사의 부탁으로 내가 방문한 환자는 초록색 '요 주의' (Precaution) 팻말이 걸려 있는 독방에 있었다. 나는 환자 방문 옆에 준비되어 있는 푸른색 가운과 고무장갑을 끼고 방문을 열었다.

"안녕하세요, 윌리 씨! 저는 병원 원목 박 목사입니다. 오늘은 좀 어떠세요?"

"잠을 조금 설쳐서 머리가 개운하지 않습니다. 진정제와 통증 완화제를 먹는데도 잠을 못 잡니다."

그는 자신의 몸 상태가 많이 안 좋아서 여러 가지 생각에 잠을 못 이루는 것 같다고 말했다.

"아무래도 많은 잡념이 생기면 깊이 잠들지 못하게 되죠. 갈등을 일으키는 걱정거리가 있으세요?"

"교회 안 다닌 지 꽤 오래 됐어요."

윌리는 자신이 크리스천이었지만 틴에이저 때부터 교회를 멀리했다고 말했다. 그는 많이 아파서 병원에 입원하게 되니 지금은 세상을 떠나셨지만 교회에 열심이었던 어머니 생각이 많이 났다.

"어릴 적에 어머니와 함께 크리스마스 때 교회에 갔던 일과 세례 받았던 기억이 나면서 목사님과 대화하고 싶었습니다. 저에게 목사님께서 시간을 내어 주실 수 있나요?"

"그럼요. 윌리 씨가 솔직한 심정을 표현해 주셔서 감사합니다. 저는 병원 원목으로서 종교와 상관없이 윌리 씨에게 영적으로, 또 심적으로 도움을 드리기 위해 여기에 있습니다."

윌리는 내가 하는 말에 고맙다는 의미로 고개를 끄덕이

며 미소를 지었다. 계속하여 나는, "우리는 모두 영적이잖아요"라면서 그에게 미소로 화답했다.

월리는 자기가 필요할 때만 하나님을 찾아서 하나님이 자신을 좋아하지 않으실 거라고 말하면서 슬퍼했다. 하나님에 대해서 어떻게 생각하느냐고 묻는 나의 질문에 월리는 잠시 머뭇거리다가 대답했다.

"저는 하나님에 대해 별로 생각해 본 적이 없었습니다. 지금은 많이 아프다 보니 제가 지은 죄에 대한 벌을 받는 것 같아서 겁이 납니다."

"월리 씨가 원목을 찾으셨다는 것은 월리 씨의 마음 한구석에 하나님이 함께하셨다고 저는 생각합니다."

"그럴까요? 그렇게 말씀해 주시니 기운이 납니다."

"하나님은 우리를 절대로 잊지 않으십니다. 저는 하나님께서 월리 씨를 그동안 계속 인도해 주셨다고 믿습니다. 월리 씨는 느끼지 못했겠지만 하나님의 사랑은 변함없이 영원하니까요."

월리는 하나님을 외면한 자신의 죄로 인하여 질병이 왔다고 생각하며 걱정했다. 그것은 잘못된 생각이다. 우리는 성경책 요한복음 9장 2-3절을 통하여 예수님께서 하신 말씀을 한 번 살펴볼 필요가 있다. 맹인으로 태어난 것이 누구의 죄로 그렇게 된 것이냐고 제자들이 질문했을 때 예수님은 누구의 죄가 아니라고 분명히 대답하시며 "그에게서 하나님이 하시는 일을 나타내고자 하심이라"고 우리에게 가르치신다.

잠깐이었지만 윌리는 자신의 인생 이야기를 나에게 나누었으며 나에 대한 신뢰감을 표현했다. 그는 성경책 한 권을 가질 수 있겠느냐고 물었다. 나는 어느 크리스천협회에서 도네이션을 하여 필요한 환자에게 배달할 수 있도록 원목 사무실에 준비되어 있는 성경책을 갖다 주었다.

윌리는 고맙다는 말을 하면서 다음 날도 방문해 주기를 원했다. 내가 하나님께 기도하기를 원하느냐는 질문을 했을 때 윌리는 기도가 아직 자신에게 불편하다면서 사양했다. 그 대신, 그는 하나님의 축복 말씀을 원했다. 나는 하나님의 축복과 은혜로 윌리의 건강이 하루속히 회복되기를 바란다고 말하면서, 그에게 다시 방문하겠다고 약속했다.

"내 속에 근심이 많을 때에 주의 위안이 내 영혼을 즐겁게 하시나이다"(시 94:19).

크리스천은 매일의 생활에서, 우리가 하나님의 말씀을 따르며 하나님께서 우리에게 주시는 뜻이 무엇인지를 헤아리고 깨닫는 것이 중요하다고 생각한다.

병원 원목으로서 나는 모든 환자들의 종교를 존중한다. 왜냐하면 환자들은 각각 그들의 종교를 통하여 영적 안정과 평안을 찾음으로써 육체적 질병을 다스리는 데 도움을 많이 받는다는 것은 의심할 여지가 없기 때문이다. 그러므로 원목은 환자들에게 영석 도움을 주며, 영적 치유는 육체적 혹은 심적으로 오는 병에 대한 치료에 지대한 영향을 줄 수 있다.

원목은 환자를 잘 보살피기 위하여 다른 종교에 대해 알아두어야 한다. 그러나 원목이라고 하여 다른 종교의 예배 형식을 도와주는 것은 아니다. 원목 사무실은 환자가 소속된 종교와 연결시켜 주기 위해 최대한 도움을 주려고 노력한다. 환자가 원하면, 자원봉사자로 등록되어 있는 각 종교

책임자에게 연락을 하여 불교 신자에게는 스님을, 이슬람교인에게는 이맘(Imam)을, 히브리교인에게는 랍비(Rabbi)를 만나게 도와준다. 만일 가톨릭 신자가 고해성사 하기를 원하면 신부님과 만나도록 자리를 마련한다.

원목이 자신의 종교적 입장이나 지식을 고집한다면 환자에게 해로움을 줄 수 있다. 우리는 종교가 있건 없건 모두 영적이다. 모든 환자들이 같은 종교라 할지라도 다른 생활을 거쳐 살면서 생각과 경험이 다르다. 그것은 바로 하나님께서 우리 모두를 각각 사랑하셨기 때문에 우리도 사랑으로 사람들의 다른 점을 서로 보듬어주며 더불어 사는 것이다. 같은 종교를 가진 사람만 상대하거나 교제를 하고 도와준다는 것은 하나님의 뜻에 어긋나는 일이라고 생각한다. 하나님은 이 세상의 모든 사람들을 일일이 사랑하여 구원하려고 하신 분이라는 것을 우리는 잊지 말아야한다.

"태초에 말씀이 계시니라 이 말씀이 하나님과 함께 계셨으니 이 말씀은 곧 하나님이시니라"(요 1:1).

26장
새해 첫날

"내가 곧 길이요 진리요 생명이니 나로 말미암지 않고는 아버지께로 올 자가 없느니라"(요 14:6).

새해 첫날에 나는 당직이었다. 새해 아침 새벽 4시쯤 비퍼가 울렸다. 병원 응급실 트라우마 방에 들어온 환자의 '빨강 코드'(Code Red) 상황이었다. 병원에서 빨강 코드는 환자에게 생사가 달린 매우 위급한 상황일 때 의료 담당자들에게 도움을 요청하는 신호이다. 주로 트라우마 상황을 대처하는 의료팀에게 빨강 코드 신호가 간다. 원목에게도 빨강 코드 신호가 오는데, 이유는 의료팀이 환자를 치료하는 동안 실의에 빠진 환자의 가족을 보살펴야 하기 때문이다.

내가 응급실에 도착했을 때 남성 환자는 이미 숨을 거둔 뒤였다. 환자의 부인이 응급실 밖의 복도에 있는 의자에 앉아서 울고 있었으며 옆에는 간호사가 위로하고 있었다.

나는 병원 원목이라고 소개하면서 먼저 환자의 부인에게 조의를 표현했다. 환자가 천주교 신자였기 때문에 신부님이 오고 있다고 간호사가 말했다.

간호사가 자리를 떠난 후, 환자의 부인인 샌드라는 나에게 세상을 떠난 자신의 남편을 위해 기도해 달라고 부탁했다. 우리는 환자가 누워있는 침대로 가서 성경의 시편을 읽으며 기도하고, 내 가방에 있던 묵주를 환자의 침대에 걸었다. 나는 그렇게 하는 것이 조금이나마 그녀에게 위로가 되길 바랐다.

신부님이 오실 때까지 나는 응급실과 가까이에 위치한 병원 예배실로 그녀를 인도했다. 예배실은 몇 달 전에 그곳으로 옮기면서 인테리어를 새로 단장했기 때문에 깔끔하고 신선한 느낌을 주어 모두가 자주 들르는 곳이었다. 종교의 구분 없이 누구나 기도할 수 있도록 항상 문이 열려 있었다. 환자도 기독교와 천주교 신자가 많은 상황이었지만 모든 사람을 환영하는 의미로 십자가는 걸어 놓지 않았다. 예를 들면, 무슬림 교인들을 위해서 그들이 기도할 때 깔아놓고 사용하는 조그만 양탄자도 캐비넷 안에 준비해 두었다.

샌드라는 아담한 아시안 여성이었다. 예배실에 앉은 그녀가 마음에 조금 안정을 찾은 것 같아 보였다. 그녀는 어떻게 된 일인지 자초지종을 얘기했다.

샌드라의 부모님과 형제들이 며칠 전에 미국 방문하려고 외국에서 여행을 왔다. 그들은 샌드라의 오빠 집에 머물고 있었다. 연말 저녁에 모든 가족들이 모이는 파티에 참석하여 뉴욕 맨해튼 타임스퀘어에서 카운트다운하는 반짝반짝 빛나는 동그란 볼이 내려오는 것을 텔레비전으로 보면서 즐겼다. 서로 샴페인을 나누며 새해 인사를 한 후, 그녀는 남편과 함께 집으로 돌아왔다.

몇 시간 후, 잠을 자고 있던 샌드라는 갑자기 쾅 소리가 들려서 일어나 보니 화장실 앞에 남편이 쓰러져 있었다. 바로 구급차를 불러 병원으로 왔으나 그녀의 남편은 심장마비가 심하게 왔기 때문에 소생하기 힘들었다.

그녀는 예기치 않게 당한 사고로 놀라고 당황하여 어쩔 줄 몰랐는데 원목이 함께 있어줘서 고맙다고 인사를 했다. 내가 옆에 있어 주었다는 사실만으로도 도움이 되었던 것 같다. 고난이나 어려움이 있을 때 누구든지 함께해 주는 것이 큰 위로가 된다.

잠시 후, 신부님이 오셔서 별세한 그녀의 남편을 위해 간호사들도 참석하여 모두 함께 영별의식 예배를 치렀다. 영별의식을 마치고 샌드라와 나만 남았을 때 다음 절차는 어떻게 하면 되느냐고 묻는 그녀에게 이렇게 말해 주었다. "남편께서는 곧 병원 안치실로 옮겨질 것입니다. 부인께서는 먼저 장의사를 선택하여 그들에게 부인의 연락처, 남편 성함, 병원 주소와 전화번호를 주세요. 장의사에서 병원에 연락하여 모든 절차를 다 알아서 해줍니다. 그런 후, 장의사가 부인에게 연락을 드릴 겁니다."

그러는 동안, 샌드라의 부모님과 다른 가족들이 병원에 도착했다. 나는 그녀에게 내 명함을 주면서, "질문 사항이나 원목의 도움이 필요하면 언제든지 저에게 전화 주십시오. 제가 도와드리고 싶습니다. 부인과 모든 가족분께 조의를 표합니다. 하나님의 크신 위로와 은혜 안에서 모든 가족들께 평강이 있으시길 바랍니다"라고 말하면서 가벼운 허깅을 했다. 그녀가 가족들과 함께 사적으로 슬픔을 나누는 시간을 가질 수 있도록 하기 위해 나는 그 자리를 떠났다.

"누구든지 주의 이름을 부르는자는 구원을 받으리라"(롬 10:13).

27장
미끄러운 얼음길

"나는 하나님께 부르짖으리니 여호와께서 나를 구원하시리로다"(시 55:16).

여느 때처럼 환자 방문을 위해 외과 중환자 병동에 들어가는데 입구에 있는 가족회의실 앞에 많은 사람들이 모여 서성거리고 있었다. 나는 그들에게 가까이 다가가서 내가 병원 원목인데 도와줄 일이 있는지 물었다. 그들 중 한 남성이, 그의 아내 엘리사벳이 사고를 당했다고 말했다. 그는, 환자가 불교 신자이기 때문에 법당의 주지 스님이 벌써 다녀갔지만 계속적으로 많은 기도가 필요하다면서 기도해 주기를 원했다.

　엘리사벳은 햇살이 맑은 추운 겨울 아침, 그로서리 장을 보기 위해서 집 앞에 세워둔 자동차로 걸어가고 있었다. 눈이 많이 내린 후 날씨 기온이 영하로 뚝 떨어졌다. 그녀가 아스팔트 색에 감춰진 얼음을 모르고 밟았다가 미끄러져 넘어졌다. 마침, 옆에 그녀 친구가 있었기 때문에 빨리 구급차를 부를 수 있었다. 엘리사벳은 머리를 다쳐서 수술한 후 외과 병동 중환자실에서 회복을 기다리고 있었다.

　"뉴스에서 아스팔트 위에 살짝 덮힌 얼음으로 인한 사고에 대해 이따금씩 들었지만 그렇게도 조심스러운 아내에게 이런 일이 생기리라고는 상상도 못했습니다. 지금 머리 수술까지 하고 나니 너무 무섭습니다."

　엘리사벳의 남편은 어처구니없다는 듯이 말했다. 옆에서, 가족들은 합장하는 모습으로 두 손을 모아 가슴에 얹고 있었다.

　"모두들 얼마나 놀라셨겠어요. 많은 기도가 필요하다고 말씀하셨으니, 수술 경과가 좋아서 빨리 회복되기를 우리 함께 기도할까요?" 엘리사벳의 남편이 고개를 끄덕였다.

"엘리사벳 씨가 불교 신자이므로 부처님께 기도하기를 원하시죠?" 내가 엘리사벳의 남편에게 질문했을 때, "괜찮습니다. 목사님이 하시던 대로 기도해 주십시오"라고 대답했다.

"저는 지금 이 상황에서 종교와 상관없이 모든 종교의 사람들이 제 아내를 위해 기도해 주길 바랍니다. 사실, 저희 옆집에 사는 이웃이 힌두교 신자인데, 고맙게도 기도해 준다고 했습니다."

나는 하나님의 은혜로 엘리사벳의 건강이 하루속히 회복되기를 간절히 성심껏 기도했다.

엘리사벳의 가족들은 매일 병원의 기도실에서 무릎을 꿇어 엎드려서 그녀의 쾌차를 위해 기도했다. 몇 주 동안 전혀 차도를 보이지 않던 엘리사벳의 상태가 호전되기 시작했다. 엘리사벳의 가족과 우리 모두가 하나님께 영광을 돌렸다.

"목사님, 감사합니다." 엘리사벳의 남편이 말했다. "방문해 주시고 기도해 주셔서 정말 고맙습니다. 아내가 어제는 눈도 떴습니다. 의사 선생님 말씀이, 머리 다친 곳이 일 센티미터라도 잘못 넘어졌더라면 생명이 위험할 뻔했답니다."

"그래요? 모든 것이 하나님의 은혜입니다. 그동안 가족과 친지들이 인내하며 합심하여 하나님께, 그리고 부처님께, 기도하신 보람이 있군요. 하나님께 감사와 찬양드립니다."

나는 기쁨을 가족들과 함께 나누었다. 엘리사벳의 남편과 가족들이 모두 두 손을 모아 합장했다.

> "여호와 내 하나님이여 내가 주께 부르짖으매 나를 고치셨나이다"(시 30:2).

병원에서 일하다 보면, 무엇보다도 건강하게 살 수 있는 것이 가장 행복하고 멋진 아름다운 인생이라는 것을 새삼 느낀다. 우리가 열심히 일하는 것도 결국 행복하게 살기 위한 과정이지만 무엇을 하든 적당히 밸런스를 지키며 건강에 초점을 맞추는 것이 중요하다고 생각된다.

우리는 건강한 식단과 충분한 휴식과 수면 그리고 알맞은 운동을 꾸준히 하는 것이 좋다는 것을 이미 알고 있다. 그리고 코비드 팬데믹 이후에 우리는 위생에도 많은 관심을 갖고 조심한다. 예를 들면, 재채기를 할 때는 공중위생을 위한 예의로 한쪽 팔을 입에 대어 균이 퍼지는 것을 막는다. 밖에 나갔다 집에 들어오면 반드시 항균세제로 두 손을 20초 동안 씻는 습관을 갖는다. 20초는 생일 축하 노래를 두 번 부르는 것과 같은 시간이라고 한다.

"마음의 즐거움은 양약이라도 심령의 근심은 뼈를 마르게 하느니라"(잠 17:22).

28장
차별하지 말자

"너희는 유대인이나 헬라인이나 종이나 자유인이나 남자나 여자나 다 그리스도 예수안에서 하나이니라"(갈 3:28).

간호사의 부탁으로 만난 환자 찰스는, 병원에서 한 달 전에 퇴원했었는데 또 다른 병의 증세가 심각하여져서 다시 입원한 상황이었다. 내가 병원 원목이라고 말하면서 명함을 내밀었을 때, 침대 옆에 서 있던 그렉은, 찰스가 자신의 남편이라고 소개했다.

미처 생각하지 못한 상황이었지만 나는, "걱정이 많으시겠습니다"라고 말하면서 태연하려고 노력했다. 찰스와 그렉은 동성연애자의 결혼이 법적으로 허용하는 뉴욕에서 결혼한 부부였다.

"찰스 씨, 저는 원목 박 목사입니다. 간호사님께서 기도해 드리라고 해서 왔습니다. 지금은 좀 어떠세요?"

나는 찰스에게 좀 더 가까이 다가서서 말했다.

찰스는 침대에 누워서 눈을 감은 채 기운없는 목소리로 겨우 대답했다.

"넘 힘들어요."

"목사님, 찰스가 빨리 나아서 집에 갈 수 있도록 기도해 주세요."

그렉이 말했다.

"기독교인이시군요."

내가 환자 등록지에서 찰스의 종교를 확인했을 때 그렉이 고개를 끄덕였다. 원목은 환자의 종교가 무엇인지 알아두어야 할 필요가 있다. 왜냐하면 종교에 따라 기도하는 방식이 조금씩 다르기 때문에 나는 될 수 있는 대로 환자에게 익숙한 방식으로 도와주고 싶었다.

나는 찰스의 치료가 잘 되어 하루속히 치유되기를 기도

했으며, 건강이 회복되도록 도와 달라고 하나님께 간곡히 기도했다. 찰스는 더 이상 말하는 것을 힘들어했기 때문에, 나는 그의 건강에 대하여 걱정을 많이 하는 그렉에게 이야기를 나누고 함께해 주며 그들을 위로했다. 병실을 떠나기 전에, 나는 하나님의 말씀으로 그들에게 축복기도를 했다.

"여호와여 주는 나의 찬송이시오니 나를 고치소서 그리하시면 내가 낫겠나이다 나를 구원하소서 그리하시면 내가 구원을 얻으리이다"(렘 17:14).

두 남성, 혹은 두 여성이 부부라고 말할 때, 원목은 환자와 그 상황을 편견 없이 인정해 주고, 다른 여느 부부와 똑같은 대우를 한다. 그들을 존중하면서 열린 마음으로 대화를 나누어야 한다. 원목이 편견 없는 대화를 나눌 때 상대방이 쉽게 다가올 수 있고 환자의 치유에 도움이 된다. 병원 원목의 목적은 환자의 영적, 정신적 그리고 육체적 회복 즉 전인적(holistic) 회복을 도와주는 것이다.

우리는 상대방이 내 편이 되어 나를 이해한다고 생각할

때 평온한 마음 상태에서 진정한 나 자신을 숨김없이 표현하게 된다. 환자가 자신의 속마음을 솔직하게 표현할 때 정신적 고통에서 해방되며, 육체적 고통인 질병에서 빨리 회복된다. 차별은 그것이 어떤 형태로든 우리에게 고통을 주며 멸시감을 느끼게 한다.

원목은 환자와 목회 상담을 나눌 때 환자의 학벌, 사회적 지위, 경제적 위치, 인종 차별과 성적 차별을 하지 않고, 환자의 잘잘못을 판단하지 않으며, 편견과 선입관 없이 들어야 한다. 성적 차별에는 남녀노소, 동성연애자, 성전환자, 여장남자, 남장여자 등이 포함된다.

> "우리가 사랑함은 그가 먼저 우리를 사랑하셨음이라 누구든지 하나님을 사랑하노라 하고 그 형제를 미워하면 이는 거짓말하는 자니 보는 바 그 형제를 사랑하지 아니하는 자는 보지 못하는 바 하나님을 사랑할 수 없느니라 우리가 이 계명을 주께 받았나니 하나님을 사랑하는 자는 또한 그 형제를 사랑할지니라"(요일 4:19-21).

29장
말, 말, 말조심

"유순한 대답은 분노를 쉬게 하여도 과격한 말은 노를 격동 하느니라 지혜 있는 자의 혀는 지식을 선히 베풀고 미련한 자의 입은 미련한 것을 쏟느니라"(잠 15:1-2).

교회 찬양대를 통해 친구가 된 미세스 김과 오랜만에 골프를 치는 날이었다. 날씨도 협조해 주는 것처럼 예쁜 뭉게구름이 두둥실 떠 있는 푸른색의 하늘이 높고 맑았다. 나는 좋은 날, 좋은 사람과 함께 하루를 즐길 생각에 마음이 들떠 있었다.

"저희 대학에서 홈커밍 퀸을 폐지했다네요. 그 행사가 우리 학창시절에 정말 굉장한 거였었는데, 조금 섭섭하네요."

골프장까지 운전하던 미세스 김이 말했다.

갑자기, 미세스 김이 깔깔 웃으며 학창 시절에 있었던 일이라면서 이야기를 시작했다.

그녀가 대학 4학년 초, 어느 결석한 다음 날이었다.

"얘! 어제 네가 '학과 대표 퀸'으로 선출됐어." 친하게 지내던 친구가 그녀에게 말했다. 그녀는 뜻밖의 일이어서 약간 당황했지만 기분은 좋았다.

한 시간쯤 지난 후, 교무실 조교가 와서 A교수님의 지시에 의해 미세스 김의 키를 재야 한다면서 그녀를 의무실로 데리고 갔다. 미세스 김이 키를 재는 기계 위에 올라 미처 몸을 똑바로 서기도 전에 조교는 그녀의 머리 위를 꽉 눌렀다. 그녀의 키가 퀸 기준보다 작다면서 다른 학생에게 '학과 대표 퀸' 타이틀이 넘겨졌다.

이런 일이 있기 몇 주 전, A교수님이 대학 내 교수 식당에 그녀를 점심식사에 초대했다. 교수님이 친분 있는 남성을 소개해 주고 싶다고 하셨다. 그때, 그녀는 신중한 생각 없이 직설적으로 졸업 후 미국 가서 결혼할 사람이 있다고 솔직하게 말씀드렸다. 미세스 김은, 자신의 그런 태도가 A교수님의 기분을 많이 상하게 하여서 '학과 퀸' 타이틀이 다른 사람에게 넘어가도록 고의적으로 사보타주(sabotage) 한 것 같다고 믿었다.

미세스 김은 이따금씩 그 일을 생각하면서, 자신의 미숙한 대화로 인하여 A교수님과의 관계가 깨어진 것을 후회했다. 물론 그녀는 교수님의 제안을 받아들일 수 없는 분명한 이유를 말씀드렸지만, 그녀가 좀 더 사려 깊은 방식으로 교수님과 대화를 나누었더라면 좋았을 거라고 생각했다. 그녀는, "이만큼 나이를 먹어도 나는 여전히 미련하게 대화 기술이 없네요"라며 웃었다.

"사람은 그 입의 대답으로 말미암아 기쁨을 얻나니 때에 맞는 말이 얼마나 아름다운고"(잠 15:23).

우리가 아무리 화술이 좋아도 상대방의 기분을 상하게 하는 것은 효과적인 대화라고 볼 수 없으며 인간적 관계에 해로움을 줄 수 있다. 대화는 말하는 화자나 듣는 청자 모두 감정 이입에 입각하여 말하고 들으면서 공감 형성을 하는 것이 필요하다.

대화는 경청이 필수이지만 반응도 중요한 요소이다. 경청이란 말하는 상대방의 입장에서 눈을 마주보며 감성적인 태도로 열심히 들어주는 것이다. 반응은 경청한 후 상대방이 느끼는 감정에 공감을 형성하며 어떻게 응답을 하느냐는 것이다. 한국인 격언에 "말 한마디에 천 냥 빚을 갚는다"라는 말이 있다. 지혜롭게 말하는 것이 얼마나 중요한가!

미세스 김을 통하여 대화의 중요성에 대한 이야기를 들으니, 노라가 생각났다. 내가 만났을 때, 그녀는 몸 상태가 많이 힐링되어 기분이 좋았다. 나와 대화를 나누는 동안, 노라는 마음이 편안해졌는지 그녀의 성장한 아이들의 이야기와 자신의 인생에 대하여 말했다.

노라는 남편과 함께 삼십 년 이상 행복한 결혼생활을 했다. 그러나 그들은 조그만 싸움이 불씨가 되어 오랫동안 쌓아올린 서로의 신뢰가 무너졌다. 그녀는, "남편과 어떻게 부부싸움이 시작되었는지 기억이 나지 않는데, 무엇 때문인지도 모르는 하찮은 그 싸움 때문에 결국 이혼했어요"라고 말했다.

"명철한 사람의 입의 말은 깊은 물과 같고 지혜의 샘은 솟구쳐 흐르는 내와 같으니라"(잠 18:4).

갈등 부부의 상담에서, 문제점으로 많이 대두되었던 공통적 불만이 대화의 문제였다고 나는 기억한다.

어떤 부인은 이렇게 말했다. "제 남편과는 대화가 안 되요. 무슨 얘기를 하려고 하면 아예 제 말을 무시하고 아무 대답이 없는 거예요. 그래서 저는 화가 납니다. 얘기하고 싶은 생각이 없어져요."

반면에 그녀의 남편은, "제 아내는 말만 시작하면 이런 점을 고쳐라, 저런 것은 하지 말아라 하면서 제 신경을 건드리는 말만 골라서 합니다. 듣기 싫어서 상대를 안 하는 것입니다"라고 불평했다.

앞에서 말한 예를 보면, 우리는 대화할 때 말을 듣는 청자(listener)의 경청과 응답하는 화자(speaker)의 반응을 통하여 경청과 응답이 매우 중요하다는 사실을 알 수 있다. 상대방이 말을 할 때 묵묵부답하거나 건성으로 듣는다든지, 혹은 들으려고 노력하지 않는 것은 대화를 나누는 것이 아니다.

대화에서 청자의 반응은 감정 이입에 의하여, "당신은 기분이 몹시 상했군요"와 같이 감정을 나타내는 단어를 사용하는 것이 좋다. 질문을 할 경우에는, '왜'라는 단어는 피하고 '무엇이' 또는 '어떻게'라고 질문하며 상대방의 말을 잘 듣고 느낀 것에 대하여 피드백을 하는 것이다. 피드백을 할 때 많은 사람들이 충고부터 하려고 하는 경향이 있다. 청자가 반응할 때 주의할 점은 상대방에게 충고와 비난을 하지 말아야 한다.

경청한 후 반응할 때, "당신이 말하면 항상 나를 화나게 만들어요"라는 비생산적인 말을 하기보다는, "지금 내 감정이 너무 상해서 나는 대화하기 힘들어요"라고 말하면서 상대방이 자기를 공격하는 것이 아니라고 믿게 해주어야 효과적인 대화를 나눌 수 있다. 그러므로 화가 났을 때 상대방을 먼저 비난하기 전에 자신의 감정에 대해 말하는 것이 좋은 대화 방법이다.

나는 부부 상담에서, 대화 문제의 해결을 위해 상담학에서 배웠던 효과적인 대화 방법을 사용하도록 격려했었다. 그 중 하나는, 청자가 화자의 말을 요약하여 다시 말함으로써 청자가 반응하기 전에 화자가 말한 내용의 뜻이 맞는지 확인하는 것이다. 어떤 경우에는, 화자의 말뜻이 분명하지 않은데도 청자는 자기 마음대로 짐작하여 엉뚱한 응답을 함으로써 서로 오해가 발생하기 때문에 화를 내거나 분쟁을 일으킬 수 있다.

대화에서, 우리는 모두 청자와 화자가 된다. 서로가 배려하고 존중함으로써 얼굴 표정, 몸짓, 말하는 억양과 목소리의 높낮이에 관심을 갖고 편견이나 판단 없이 경청을 하는 것이다. 반응할 때는 상대방이 한 말의 의미를 정확하게 이해한 후에 공감하며 응답하는 것이 중요하다.

우리는 효과적인 대화를 위하여, 대화 기술을 익힐 수 있는 책을 읽거나, 혹은 대화 훈련을 위한 클래스에 등록하여 지속적인 학습과 노력이 필요하다고 생각한다.

"선한 말은 꿀송이 같아서 마음에 달고 뼈에 양약이 되느니라"(잠 16:24).

29장 말, 말, 말조심

에필로그 Epilogue

    우리는 다른 사람의 괴로워하는 고통과 아픔을 완전히 이해할 수 없습니다. 그러나 우리가 열린 마음으로 다가가서 공감하는 대화를 나눈다면 그들의 치유를 도울 수 있고, 이는 우리에게도 진정한 보람이 됩니다.

    사랑하는 사람을 잃고 슬픔에 괴로워하는 분들을 위한 그룹 상담을 제가 병원에서, 또 저희 교회에서 제공하며 그들을 위로하고 도움을 주었습니다. 저는 이런 경험을 바탕으로 해서 비슷한 프로그램을 종교단체를 통하여 그룹 상담으로 제공하려고 계획하고 있습니다.

    육체적, 정신적, 영적으로 힘든 시간을 보내고 있는 독자들이 이 책에서 위로와 지침을 얻을 수 있기를 바랍니다. 저는 어머니의 별세를 슬퍼하는 동시에, 감기에도 잘 걸리지 않던 건강한 남편이 일주일 동안 병원 중환자실에서 지낼 정도로 갑자기 심각한 병에 걸렸을 때 정신이 혼미해지고 압도당했습니다. 저는 병원 원목으로서의 경험과 가족과 친구들의 응원에 의지해 그 시련을 이겨냈습니다. 다른 사람들이 우리와 비슷한 일을 겪었을 때 어떻게 그 상황을 대처하며 극복했었는지를 보면, 우리 자신도 힘든 시기를 헤쳐 나가는 데 도움이 될 수 있습니다.

만일 비극적인 사건이나 일상적인 삶으로 인해 괴롭거나 압도당하는 어려움이 닥치면서 망연히 어찌할 바를 모르는 분이 계시다면 혼자가 아니라는 사실을 기억하십시오.

"백지장도 맞들면 낫다"는 속담처럼 다른 사람과 대화를 하고 나면 마음 속이 조금 후련해지기도 하며 기분이 나아질 수 있습니다. 신뢰할 수 있는 가족, 친구, 조언자, 종교 지도자, 목회자, 또는 전문 상담자에게 도움을 요청하는 것을 두려워하지 마십시오.

하나님께서 사랑하는 여러분들에게 많은 축복을 내리시길 바랍니다!

희망의 오솔길

1판 1쇄 인쇄 _ 2024년 10월 2일
1판 1쇄 발행 _ 2024년 10월 15일

지은이 _ 박민정
펴낸이 _ 이형규
펴낸곳 _ 쿰란출판사

주소 _ 서울특별시 종로구 이화장길 6
편집부 _ 745-1007, 745-1301~2, 743-1300
영업부 _ 747-1004, FAX 745-8490
본사평생전화번호 _ 0502-756-1004
홈페이지 _ http://www.qumran.co.kr
E-mail _ qrbooks@daum.net / qrbooks@gmail.com
한글인터넷주소 _ 쿰란, 쿰란출판사
페이스북 _ www.facebook.com/qumranpeople
인스타그램 _ www.instagram.com/qrbooks
등록 _ 제1-670호(1988.2.27)
책임교열 _ 김유미·김영미

© 박민정 2024   ISBN 979-11-6143-985-3   03230

책값은 뒤표지에 있습니다.
이 출판물은 저작권법에 의해 보호를 받는 저작물이므로 무단 복제할 수 없습니다.
파본(破本)은 구입처에서 교환해 드립니다.